শাশ্বত বাণী

স্বামী বিবেকানন্দ

গুরু ব্রহ্মা গুরু বিষ্ণু গুরুদেব মহেশ্বর।

গুরু রেব পরং ব্রহ্ম তস্মৈ শ্রী গুরুবে নমঃ।।

অখণ্ড মণ্ডলা কারং ব্যাপ্তং যেন চরাচরম।

তদপদং দর্শিতং যেন তস্মৈ শ্রী গুরুবে নমঃ।।

অজ্ঞান তিমিরান্ধস্য জ্ঞানাঞ্জন শলাকয়া।

চক্ষুরুন্মিলিত যেন তস্মৈ শ্রী গুরুবে নমঃ।।

বিষয়বস্তু

ভূমিকা

জড়বিজ্ঞানের চমকপ্রদ সাফল্যে সারা বিশ্বে যখন ধর্মের প্রভাব স্তিমিতপ্রায়; পরাধীনতার গ্লানি, অশিক্ষা ও দরিদ্রের কষাঘাতে ধর্মের প্রাণকেন্দ্র ভারতবর্ষও যখন বিভ্রান্ত; সেই যুগ সন্ধিক্ষণে ভবিষ্যত মানবজাতির অভ্রান্ত পথ নির্দেশক স্বামী বিবেকানন্দের আবির্ভাব। তিনি ছিলেন একাধারে আধ্যাত্মিক পথ প্রদর্শক, নবজাগরণের প্রবক্তা, স্বদেশপ্রেমী, দার্শনিক ইত্যাদি গুণের অপূর্ব সমাহার।

তাঁর ৩৯ বছরের (১২/১/১৮৬৩ – ৮/৯/১৯০২) সীমিত জীবনকালের মাত্র সাতটি বছর (১৮৯৩-১৯০০) তিনি মানব কল্যাণ এবং মনুষত্বের বাণী প্রচারের সুযোগ পেয়েছিলেন। স্বদেশে এবং বিদেশে যারাই তাঁর সেই অমৃতবানী শ্রবণের সৌভাগ্য লাভ করেছিলেন, তাঁরা কোনো না কোনো ভাবে তাঁর দ্বারা প্রভাবিত হয়েছিলেন। সৌভাগ্যবশত তাঁর কয়েকজন অনুরাগী সেই অমৃতবানীর কিয়দংশ লিপিবধ্য করতে পেরেছিলেন যা পরবর্তীকালে বাণী ও রচনা গ্রন্থে মুদ্রিত হয়।

এই ক্ষুদ্র সংকলনে উদ্বোধন কার্যালয় দ্বারা প্রকাশিত দশ খণ্ডের ‘*বাণী ও রচনা*‘ গ্রন্থে মুদ্রিত স্বামীজির কন্ঠে উচ্চারিত বিশাল ভান্ডার থেকে কয়েকটি ছোট গল্প ও অমূল্য বাণী চয়ন করে বিশেষ ভাবে, তরুণ শিক্ষার্থীদের জীবন গঠনের উপযোগী অংশবিশেষ এই পুস্তক খণ্ডে সংকলিত হলো। এ যেন এক ফোঁটা জলে সমুদ্রের আস্বাদ যা যে কোনো সময় পাঠককে উদ্বুদ্ধ ও অনুপ্রাণিত করবে।

ছাত্র ছাত্রি ও উৎসাহী পাঠকগণ স্বামী বিবেকানন্দের বিশাল প্রেরণাদায়ক ভাবের কিঞ্চিৎ আস্বাদ গ্রহণে সফল ও সামান্যতম উপকৃত হলে আমাদের এই প্রচেষ্টা সফল হয়েছে বলে মনে করবো। স্বামীজি সকলের মঙ্গল করুন।

বিনীত

সঙ্কলক - অশোক ব্যানার্জি

মহালয়া, ২৫ সেপ্টেম্বর, ২০২২

DrAshokBanerji@gmail.com

‘*বাণী ও রচনা*’ এবং ‘*পত্রাবলি*’ উদ্বোধন কার্যালয়

Bani o Rachona online: https://baniorachana.nltr.org/

১

মতভেদের কারণ

আমি আপনাদিগকে একটি ছোট গল্প বলিব। এইমাত্র যে সুবক্তা ভাষণ শেষ করিলেন, তাঁহার কথা আপনারা সকলেই শুনিয়াছেন–‘এস আমরা পরস্পরের নিন্দাবাদ হইতে বিরত হই’। মানুষে মানুষে সর্বদা একটা মতভেদ থাকিবে ভাবিয়া বক্তা-মহাশয় বড়ই দুঃখিত। তবে আমি আপনাদের একটি গল্প বলি, হইতো তাহাতেই বুঝা যাইবে–এই মতভেদের কারণ কি।

একটি ব্যাঙ একটি কুয়ার মধ্যে বাস করিত। সে বহুকাল সেইখানেই আছে।

যদিও সেই কুয়াতেই তাহার জন্ম এবং সেইখানেই সে বড় হইয়া উঠিয়াছে, তথাপি ব্যাঙটি আকারে অতিশয় ক্ষুদ্র ছিল।

অবশ্য তখন বর্তমান কালের ক্রমবিকাশবাদীরা কেহ ছিলেন না, তাই বলা যায় না, অন্ধকার কূপে চিরকাল বাস করায় ব্যাঙটি দৃষ্টিশক্তি হারাইয়াছিল কি না; আমরা কিন্তু গল্পের সুবিধার জন্য ধরিয়া লইব তাহার চোখ ছিল। আর সে প্রতিদিন এরূপ উৎসাহে কুয়ার জল কীট ও জীবাণু হইতে মুক্ত রাখিত যে, সেরূপ উৎসাহ আধুনিক কীটাণুতত্ত্ববিদগণেরও শ্লাঘার বিষয়।

এইরূপে ক্রমে ক্রমে সে দেহে কিছু স্থূল ও মসৃণ হইয়া উঠিল। একদিন ঘটনাক্রমে সমুদ্রতীরের একটি ব্যাঙ আসিয়া সেই কূপে পতিত হইল।

কূপমণ্ডূকে জিজ্ঞাসা করিল, 'কোথা থেকে আসা হচ্ছে?'

'সমুদ্র থেকে আসছি।'

'সমুদ্র? সে কত বড়? তা কি আমার এই কুয়োর মতো বড়?' এই বলিয়া কূপমণ্ডূক কূপের এক প্রান্ত হইতে আর এক প্রান্তে লাফ দিল।

তাহাতে সাগরের ব্যাঙ বলিল, 'ওহে ভাই, তুমি এই ক্ষুদ্র কূপের সঙ্গে সমুদ্রের তুলনা করবে কি ক'রে?' ইহা শুনিয়া কূপমণ্ডূক আর একবার লাফ দিয়া জিজ্ঞাসা করিল, 'তোমার সমুদ্র কি এত বড়?'

'সমুদ্রের সঙ্গে কুয়োর তুলনা ক'রে তুমি কি মূর্খের মতো প্রলাপ ব'কছ?'

ইহাতে কূপমণ্ডূক বলিল, 'আমার কুয়োর মতো বড় কিছুই হ'তে পারে না, পৃথিবীতে এর চেয়ে বড় আর কিছুই থকতে পারে না, এ নিশ্চয়ই মিথ্যাবাদী, অতএব একে তাড়িয়ে দাও।'

হে ভ্রাতৃগণ, এইরূপ সংকীর্ণ ভাবই আমাদের মতভেদের কারণ।

(স্বামীজীর বানী ও রচনা, প্রথম খণ্ড, পৃষ্ঠা ৮)

২
আবিষ্কার

কোন জ্ঞানই বাহির হইতে আসে না, সবই ভিতরে। আমরা যে বলি মানুষ 'জানে', ঠিক; মনোবিজ্ঞানের ভাষায় বলিতে গেলে বলিতে হইবে-মানুষ 'আবিষ্কার করে'(discovers) বা 'আবরণ উন্মোচন করে' (unveils)।

মানুষ যাহা 'শিক্ষা করে', প্রকৃতপক্ষে সে উহা 'আবিষ্কার করে'। 'Discover' শব্দটির অর্থ-অনন্ত জ্ঞানের খনিস্বরূপ নিজ আত্মা হইতে আবরণ সরাইয়া লওয়া।

আমরা বলি, নিউটন মাধ্যাকর্ষণ আবিষ্কার করিয়াছিলেন। উহা কি এক কোণে বসিয়া তাঁহার জন্য অপেক্ষা করিতেছিল? না, উহা তাঁহার নিজ মনেই অবস্থিত ছিল। সময় আসিল, অমনি তিনি উহা দেখিতে পাইলেন।

মানুষ যতপ্রকার জ্ঞানলাভ করিয়াছে, সবই মন হইতে। জগতের অনন্ত পুস্তকাগার তোমারই মনে। বহির্জগৎ কেবল তোমার নিজ মনকে অধ্যয়ন করিবার উত্তেজক কারণ-উপলক্ষ্য মাত্র, তোমার নিজ মনই সর্বদা তোমার অধ্যায়নের বিষয়।

আপেলের পতন নিউটনের পক্ষে উদ্দীপক কারণ-স্বরূপ হইল, তখন তিনি নিজের মন অধ্যায়ন করিতে লাগিলেন। তিনি তাঁহার মনের ভিতর পূর্ব হইতে অবস্থিত ভাবপরম্পরা আর একভাবে সাজাইয়া উহাদের ভিতর একটি নূতন শৃঙ্খলা আবিষ্কার করিলেন; উহাকেই আমরা মাধ্যাকর্ষণের নিয়ম বলি। উহা আপেলে বা পৃথিবীর কেন্দ্রে অবস্থিত কোন পদার্থে ছিল না।

অতএব লৌকিক বা পারমার্থিক সমুদয় জ্ঞানই মানুষের মনে। অনেক স্থলেই উহারা আবিষ্কৃত (বা অনাবৃত) হয় না, বরং আবৃত থাকে; যখন এই আবরণ ধীরে ধীরে সরাইয়া লওয়া হয়, তখন আমরা বলি 'আমরা শিক্ষা করিতেছি', এবং এই আবরণ অপসারণের কাজ যতই অগ্রসর হয়, জ্ঞানও ততই অগ্রসর হইতে থাকে।

এই আবরণ যাঁহার ক্রমশঃ উঠিয়া যাইতেছে, তিনি অপেক্ষাকৃত জ্ঞানী; যাহার আবরণ খুব বেশী, সে অজ্ঞান; আর যাঁহার ভিতর হইতে অজ্ঞান একেবারে চলিয়া গিয়াছে, তিনি সর্বজ্ঞ।

পূর্বে অনেক সর্বজ্ঞ পুরুষ ছিলেন; আমার বিশ্বাস একালেও অনেক হইবেন, আর আগামী কল্পসমূহে অসংখ্য সর্বজ্ঞ পুরুষ জন্মাইবেন। চকমকি পাথরে যেমন অগ্নি নিহিত থাকে, মনের মধ্যেই সেইরূপ জ্ঞান রহিয়াছে; উদ্দীপক কারণটি যেন ঘর্ষণ-জ্ঞানাগ্নিকে প্রকাশ করিয়া দেয়।

আমাদের সকল ভাব ও কার্য সম্বন্ধে ও সেইরূপ; যদি আমরা ধীরভাবে নিজেদের অন্তঃকরণ অধ্যয়ন করি, তবে দেখিব, আমাদের হাসি-কান্না, সুখ-দুঃখ, আশীর্বাদ-অভিসম্পাত, নিন্দা-সুখ্যাতি- সবই আমাদের মনের উপর বহির্জগতের বিভিন্ন আঘাতের দ্বারা আমাদের ভিতর হইতেই উৎপন্ন।

উহাদের ফলেই আমাদের বর্তমান চরিত্র গঠিত, এই আঘাত-সমষ্টিকেই বলে কর্ম। আত্মার অভ্যন্তরস্থ অগ্নিকে বাহির করিবার জন্য, উহার নিজ শক্তি ও জ্ঞান প্রকাশের জন্য যে কোন মানসিক বা দৈহিক আঘাত প্রদত্ত হয়, তাহাই কর্ম; 'কর্ম' অবশ্য এখানে উহার ব্যপকতম অর্থে ব্যবহৃত।

আমরা সর্বদাই কর্ম করিতেছি। আমি কথা বলিতেছি-ইহা কর্ম। তোমরা শুনিতেছে-তাহাও কর্ম। আমরা শ্বাস-প্রশ্বাস ফেলিতেছি-ইহা কর্ম, বেড়াইতেছি-কর্ম, কথা কহিতেছি- কর্ম, শারীরিক বা মানসিক যাহা কিছু আমরা করি, সবই কর্ম। কর্ম আমাদের উপর উহার ছাপ রাখিয়া যাইতেছে।

(স্বামীজীর বাণী ও রচনা - প্রথমখণ্ড – কর্মযোগ, চরিত্রের উপর ইহার প্রভাব, পৃষ্ঠা ৩৪-৩৫)

৵৽

৵৽

"দ্বন্দ্বযুদ্ধ চলে অনিবার, পিতা পুত্রে নাহি দেয় স্থান;
'স্বার্থ স্বার্থ সদা এই রব, হেথা কোথা শান্তির আকার?
সাক্ষাৎ নরক স্বর্গময়—কেবা পারে ছাড়িতে সংসার?
কর্ম-পাশ গলে বাঁধা যার-ক্রীতদাস বল কোথা যায়?
যোগ-ভোগ, গার্হস্থ্য-সন্ন্যাস, জপ-তপ, ধন-উপার্জন,
ব্রত ত্যাগ তপস্যা কঠোর, সব মর্ম দেখেছি এবার;
জেনেছি সুখের নাহি লেশ, শরীরধারণ বিড়ম্বন;
যত উচ্চ তোমার হৃদয়, তত দুঃখ জানিহ নিশ্চয়।"

(বাণী ও রচনা (৬) - বীরবাণী - সখার প্রতি, পৃষ্ঠা ২৫৭)

৩

মন্ত্রীর মুক্তিলাভ

এক রাজার এক মন্ত্রী ছিল, কোন কারণে সে রাজার অপ্রিয় পাত্র হওয়ায় রাজা তাঁহাকে একটি অতি উচ্চ দুর্গের চূড়ায় একটি ঘরে আবদ্ধ করিয়া রাখিতে আদেশ করেন। রাজার আদেশ প্রতিপালিত হইল; মন্ত্রীও সেখানে মৃত্যুর প্রতীক্ষা করিতে লাগিলেন।

মন্ত্রীর এক পতিব্রতা ভার্যা ছিলেন, রজনীযোগে তিনি সেই দুর্গের সমীপে আসিয়া দুর্গশীর্ষস্থিত পতিকে বলিলেন, 'আমি কি উপায়ে আপনার সাহায্য করিতে পারি, বলিয়া দিন।' মন্ত্রী বলিলেন, 'আগামী কাল রাত্রে একটি লম্বা কাছি, এক গাছি শক্ত দড়ি, এক বান্ডিল সূতা, খানিকটা সূক্ষ্ম রেশমের সূতা, একটা গুবরে পোকা ও খানিকটা মধু আনিও।'

তাঁহার সহধর্মিণী পতির এই কথা শুনিয়া অতিশয় বিস্ময়াবিষ্ট হইলেন। যাহা হউক তিনি পতির আজ্ঞানুসারে প্রার্থিত দ্রব্যগুলি আনিলেন। মন্ত্রী তাঁহাকে রেশমের সূত্রটি দৃঢ়ভাবে গুবরে পোকার সহিত সংযুক্ত করিয়া দিয়া উহার শুঁড়ে একবিন্দু মধু মাখাইয়া, মাথাটি উপরের দিকে রাখিয়া উহাকে দুর্গপ্রাচীরে ছাড়িয়া দিতে বলিলেন।

পতিব্রতা সমুদয় নির্দেশ পালন করিলেন। তখন সেই কীট তাহার দীর্ঘ পথ-যাত্রা আরম্ভ করিল। সম্মুখে মধুর আঘ্রাণ পাইয়া মধুলাভের আশায় সে ধীরে ধীরে দুর্গের শীর্ষদেশে উপনীত হইল।

মন্ত্রী পোকাটি ধরিলেন, সেই সঙ্গে রেশমের সুতাটিও ধরিলেন, তারপর তাঁহার স্ত্রীকে রেশম-সূত্রের অপর প্রান্তে শক্ত সুতাটি জুড়িয়া দিতে বলিলেন। পরে শক্ত সুতা হস্তগত হইলে ঐ উপায়ে তিনি দড়ি ও অবশেষে মোটা কাছিটিও পাইলেন। বাকী কাজ সহজ। ঐ রজ্জুর সাহায্যে মন্ত্রী দুর্গ হইতে অবতরণ করিয়া পলায়ন করিলেন। আমাদের দেহে শ্বাসপ্রশ্বাসের গতি রেশম-সূত্রের মতো।

উহাকে ধারণ বা সংযম করিতে পারিলেই স্নায়বীয় শক্তিপ্রবাহ-রূপ(nervous currents) শক্ত সুতা, তারপর মনোবৃত্তিরূপ শক্ত দাড়ি, পরিশেষে প্রাণরূপ রজ্জুকে ধরিতে পারা যায়। প্রাণকে নিয়ন্ত্রণ করিতে পারিলেই মুক্তিলাভ হইয়া থাকে।

(স্বামীজীর বানী ও রচনা - প্রথমখণ্ড - রাজযোগ - সাধনারপ্রথমসোপান, পৃষ্ঠা ১৭৫- ১৭৬)

4

দেবতা ও অসুর

এক দেবতা ও অসুর আত্মজিজ্ঞাসু হইয়া এক জ্ঞানীর (ব্রহ্মার)[১] নিকট গিয়াছিল। তাহারা সেই মহাপুরুষের নিকট অনেক দিন বাস করিয়া শিক্ষা গ্রহণ করিল। কিছুদিন পরে মহাপুরুষ তাহাদিগকে বলিলেন, ‘তোমরা যাহাকে অন্বেষন করিতেছ, তোমরাই সেই পুরুষ।’

তাহারা ভাবিল, তবে দেহই ‘আত্মা’। তখন তাহারা উভয়েই ‘আমাদের যাহা পাইবার, তাহা পাইয়াছি’ মনে করিয়া সন্তুষ্ট চিত্তে স্ব স্ব স্থানে প্রস্থান করিল।

তাহারা স্বজাতির নিকট ফিরিয়া গিয়া বলিল, ‘যাহা শিক্ষা করিবার তাহা সবই শিক্ষা করিয়া আসিয়াছি, এখন চল, পান ভোজন করি ও আনন্দে মত্ত

হই-আমরাই সেই আত্মা; ইহা ব্যতীত আর কোন পদার্থ নাই।'

অসুরের স্বভাব অজ্ঞানমেঘে আবৃত ছিল, সুতরাং সে আর এ-বিষয়ে অধিক কিছু অন্বেষণ করিল না। নিজেকে আত্মা বা ঈশ্বর ভাবিয়া সন্তুষ্ট হইল; 'আত্মা' বলিতে সে দেহই বুঝিল।

কিন্তু দেবতাটির স্বভাব অপেক্ষাকৃত পবিত্র ছিল, তিনিও প্রথমে এই ভ্রমে পড়িয়াছিলেন যে, 'আমি' অর্থে এই শরীর, ইহাই ব্রহ্ম, অতএব ইহাকে সবল ও সুস্থ রাখো, সুন্দর বসনভূষণে সাজাও, সর্বপ্রকার দৈহিক সুখ সম্ভোগ কর।

কিন্তু কিছু দিন যাইতে না যাইতে তাঁহার প্রতীতি হইল, গুরুর উপদেশের অর্থ এরূপ নয়, ইহা অপেক্ষা উচ্চতর কিছু আছে। তিনি তখন গুরুর নিকট ফিরিয়া আসিয়া জিজ্ঞাসা করিলেন, 'গুরুদেব, আপনার শিক্ষার তাৎপর্য কি এই যে, শরীরই আত্মা?—কিন্তু তাহা কিরূপে হইবে? দেখিতেছি, শরীরমাত্রই মৃত্যুমুখে পতিত হয়, আত্মা তো মরিতে পারে না।

আচার্য বলিলেন, 'তুমি নিজে ইহার অর্থ উপলব্ধি কর; তুমিই সেই আত্মা।'

তখন শিষ্য ভাবিলেন যে, শরীরের ভিতর যে প্রাণ রহিয়াছে, তাহাকে লক্ষ্য করিয়াই বোধ হয় গুরু পূর্বোক্ত উপদেশ দিয়া থাকিবেন। কিন্তু তিনি শীঘ্রই দেখিতে পাইলেন যে, ভোজন করিলে প্রাণ সতেজ থাকে, উপবাস করিলে প্রাণ দুর্বল হইয়া পড়ে।

তখন তিনি পুনরায় গুরুর নিকট গিয়া বলিলেন, 'গুরুদেব, আপনি কি প্রাণকে আত্মা বলিয়াছেন?' গুরু বলিলেন, 'স্বয়ং ইহার অর্থ নির্ণয় কর, তুমিই সেই।' সেই দেবতা ফিরিয়া গিয়া ভাবিতে লাগিলেন।

তবে মনই 'আত্মা' হইবে। কিন্তু শীঘ্রই বুঝিতে পারিলেন যে, মনোবৃত্তি নানাবিধ, মনে কখন সাধুবৃত্তি আবার কখন বা অসদ্‌বৃত্তি উঠিতেছে; মন এত পরিবর্তনশীল যে, উহা কখনই আত্মা হইতে পারে না।

তখন তিনি পুনরায় গুরুর নিকট গিয়া বলিলেন, 'আমার তো মনে হয় না-মনই আত্মা; আপনি কি ইহাই উপদেশ দিয়াছেন?' গুরু বলিলেন, 'না, তুমিই তাহা। তুমি নিজে উহা খুঁজিয়া বাহির কর।'

দেবতা ফিরিয়া গেলেন; অবশেষে তাঁহার এই জ্ঞানোদয় হইলঃ 'আমি সমস্ত মনোবৃত্তির অতীত আত্মা; আমিই এক, আমার জন্ম নাই, মৃত্যু নাই, তরবারি আমাকে ছেদন করিতে পারে না, অগ্নি দগ্ধ করিতে পারে না, বায়ু শুষ্ক করিতে পারে না, জল গলাইতে পারে না; আমি অনাদি,

অনন্ত, অচল, অস্পর্শ, সর্বজ্ঞ, সর্বশক্তিমান্ পুরুষ।

আত্মা শরীর বা মন নয়; আত্মা এ সকলেরই অতীত।' এইরূপে সেই দেবতার জ্ঞানোদয় হইল এবং তিনি আনন্দে তৃপ্ত হইলেন। কিন্তু অসুর-বেচারার সত্যলাভ হইল না কারণ তাহার দেহে অত্যন্ত আসক্তি ছিল।

এই জগতে অনেক অসুরপ্রকৃতির লোক আছে; কিন্তু দেবতা যে একেবারেই নাই, তাহাও নয়।

(স্বামীজীর বানী ও রচনা(১)রাজযোগ - সাধনারপ্রথমসোপান, পৃষ্ঠা ১৭৪)

"সূর্য যদি মেঘাচ্ছন্ন হয় কিছুক্ষণ
যদি বা আকাশ হের বিষণ্ণ গম্ভীর,
ধৈর্য ধর কিছুকাল হে বীর হৃদয়,
জয় তব জেনো সুনিশ্চয়।"

(বানী ও রচনা(৭), ধৈর্য ধর কিছুকাল হে বীর হৃদয়, পৃষ্ঠা ৪১৬)

5

উন্মত্ত বানর

মনকে সংযত করা কি কঠিন! ইহাকে যে উন্মত্ত বানরের সহিত তুলনা করা হইয়াছে, তাহা ঠিকই হইয়াছে।

এক বানর ছিল, স্বভাবতই চঞ্চল-যেমন সব বানর হইয়া থাকে। যেন ঐ স্বাভাবিক অস্থিরতা যথেষ্ট ছিল না, তাই এক ব্যক্তি উহাকে অনেকটা মন্দ খাওয়াইয়া দিল, তাহাতে সে আরও চঞ্চল হইয়া উঠিল।

তারপর তাহাকে এক বৃশ্চিক দংশন করিল। তোমরা অবশ্যই জানো, কাহাকেও বৃশ্চিক দংশন করিলে সে সারাদিনই চারিদিকে কেবল ছটফট করিয়া বেড়ায়। সুতরাং ঐ বানর-বেচারার দুরবস্থার চূড়ান্ত হইল।

পরে যেন তাহার দুঃখের মাত্রা পূর্ণ করিবার জন্যই এক ভূত তাহার ভিতরে প্রবেশ করিল। এই অবস্থায় বানরটির যে দুর্দমনীয় চঞ্চলতা দেখা দিল, তাহা কোন ভাষায় বর্ণনা করা অসম্ভব।

মনুষ্য-মন ঐ বানরের তুল্য, স্বভাবতই অবিরত ক্রিয়াশীল, আবার বাসনারূপ মদিরাপানে মত্ত হইলে উহার অস্থিরতা বৃদ্ধি পায়।

যখন বাসনা আসিয়া মনকে অধিকার করে, তখন অপরের সফলতা-দর্শনে ঈর্ষারূপ বৃশ্চিক তাহাকে দংশন করিতে থাকে। শেষে আবার যখন অহঙ্কাররূপ পিশাচ তাহার ভিতরে প্রবেশ করে, তখন সে নিজেকেই বড় বলিয়া মনে করে। এইরূপ মনকে সংযত করা কি কঠিন!

অতএব মনঃসংযমের প্রথম সোপান-কিছুক্ষণের জন্য চুপ করিয়া বসিয়া থাকা ও মনকে নিজের ভাবে চলিতে দেওয়া।

মন সদা চঞ্চল। উহা সেই বানরের মতো সর্বদা লাফাইতেছে। মন-বানর যত ইচ্ছা লম্ফ-ঝম্প করুক ক্ষতি নাই; ধীরভাবে অপেক্ষা কর ও মনের গতি লক্ষ্য করিয়া যাও।

লোকে বলে, জ্ঞানই শক্তি-ইহা অতি সত্য কথা। যতক্ষণ না জানিতে পারিবে-মন কি করিতেছে, ততক্ষণ উহাকে সংযত করিতে পারিবে না। উহাকে যথেচ্ছ বিচরণ করিতে দাও।

অনিক বীভৎস চিন্তা হয়তো মনে উঠিবে; তোমার মনে এত অসৎ চিন্তা আসিতে পারে, ভাবিয়া তুমি আশ্চর্য হইয়া যাইবে। কিন্তু দেখিবে, মনের এই-সকল খেয়াল প্রতিদিনই কিছু কিছু কমিয়া আসিতেছে, প্রতিদিনই মন ক্রমশঃ স্থির হইয়া আসিতেছে।

প্রথম কয়েক মাস দেখিবে, তোমার মনে অসংখ্য চিন্তা আসিতেছে, ক্রমশঃ দেখিবে চিন্তা কিছুটা কমিয়াছে, আরও কয়েক মাস পরে আরও কমিয়া গিয়াছে, অবশেষে মন সম্পূর্ণরূপে বশীভূত হইবে; কিন্তু প্রতিদিনই আমাদিগকে ধৈর্যের সহিত অভ্যাস করিতে হইবে।

যতক্ষণ এঞ্জিনের ভিতর বাষ্প থাকিবে ততক্ষণ উহা চলিবেই চলিবে; যতদিন বিষয় আমাদের সম্মুখে থাকিবে, ততদিন আমাদিগকে বিষয় অনুভব করিতেই হইবে।

সুতরাং মানুষ যে এঞ্জিনের মতো যন্ত্রমাত্র নয়, তাহা প্রমাণ করিবার জন্য দেখাইতে হইবে যে, সে কিছুরই অধীন নয়।

এইরূপে মনকে সংযত করা এবং উহাকে বভিন্ন ইন্দ্রিয়-কেন্দ্রের সহিত যুক্ত হইতে না দেওয়াই 'প্রত্যাহার'।

ইহা অভ্যাস করিবার উপায় কি? ইহা খুব কঠিন কাজ, একদিনে হইবার নয়, ধৈর্যের সহিত ক্রমাগত বহু বর্ষ অভ্যাস করিলে কৃতকার্য হওয়া যায়।

(বাণী ও রচনা (১) - রাজযোগ - প্রত্যাহারওধারণা, পৃষ্ঠা ২০২ - ২০৩)

"ভালো মন্দ যাই হয় হোক,
সুখের সুস্মিত হাসি দেখা দেয় যদি,
অথবা উদ্বেল হয় দুঃখ-পারাবার,
সবারি আপন অংশ আছে অভিনয়ে,
কারো হাসি কারো কান্না, যখন যেমন,
রয়েছে আপন সাজ প্রত্যেকের তরে—
রৌদ্র জলে আবর্তিয়া চলে দৃশ্যান্তর।"

(বাণী ও রচনা (৭) - হে স্বপন, পৃষ্ঠা ৪২০)

6

শুক্তি

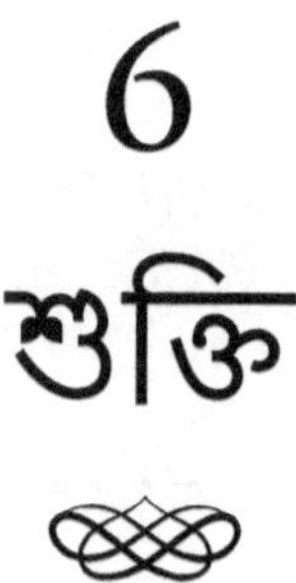

শুক্তির ন্যায় হও।

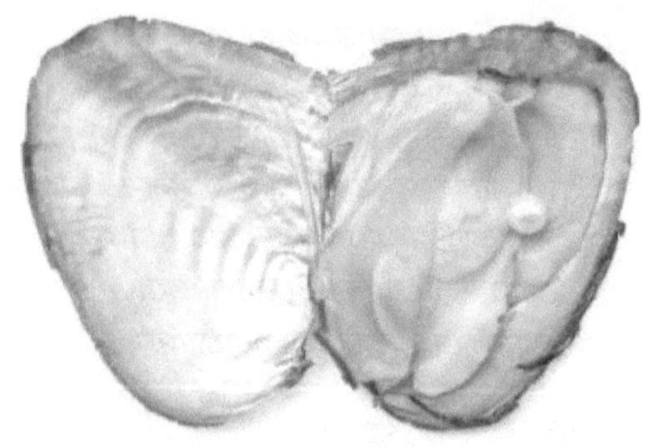

ভারতবর্ষে একটি সন্দর কিংবদন্তী প্রচলিত আছে-আকাশে যখন স্বাতীনক্ষত্র উঠিতেছে, তখন যদি বৃষ্টি হয় এবং ঐ বৃষ্টিজলের এক বিন্দু যদি কোন শুক্তির উপর পড়ে, তাহা একটি মুক্তারূপে পরিণত হয়।

শুক্তিগুলি ইহা অবগত আছে; সুতরাং ঐ নক্ষত্র আকাশে উঠিলে তাহারা জলের উপর আসিয়া ঐ সময়কার একবিন্দু মহামূল্য বৃষ্টিকণার জন্য অপেক্ষা করে।

যেই একবিন্দু বৃষ্টি উহার উপর পড়ে, অমনি ঐ জলকণা নিজের ভিতরে লইয়া শুক্তি মুখ বন্ধ করিয়া দেয় এবং একেবারে সমুদ্রের নীচে চলিয়া যায়; সেখানে সহিষ্ণুতাসহকারে বৃষ্টিবিন্দুকে মুক্তায় পরিণত করিবার সাধনায় মগ্ন হয়।

আমাদেরও ঐরূপ করিতে হইবে। প্রথমে শুনিতে হইবে, পরে বুঝিতে হইবে, পরিশেষে বহির্জগতের প্রভাব ও সর্বপ্রকার বিক্ষেপের কারণ হইতে দূরে থাকিয়া আমাদের অন্তর্নিহিত সত্যকে বিকাশ করিবার জন্য যত্নবান্ হইতে হইবে।

শুধু নূতনত্বের জন্য একটি ভাব গ্রহণ করিয়া আর একটি নূতন ভাব পাইলে উহা ছাড়িয়া দেওয়া-এইরূপ বারংবার করিলে আমাদের শক্তি বৃথা ক্ষয় হইয়া যাইবে।

সাধনকালে এইরূপ বিপদের আশঙ্কা আছে। একটি ভাব গ্রহণ কর, সেটি লইয়াই সাধনা কর; উহার শেষ পর্যন্ত দেখ, উহার শেষ না দেখিয়া ছাড়িও না।

যিনি একটি ভাব লইয়া পাগল হইয়া যাইতে পারেন, তিনিই সত্যের আলো দেখিতে পান।

যাহারা এখানে একটু, ওখানে একটু আস্বাদ করিয়া বেড়ায়, তাহারা কখনই কোন বস্তু লাভ করিতে পারে না। কিছুক্ষণের জন্য তাহাদের স্নায়ু একটা উত্তেজিত হইতে পারে বটে, কিন্তু ঐখানেই শেষ। তাহারা চিরকাল প্রকৃতির দাস হইয়া থাকিবে, কখনই ইন্দ্রিয়কে অতিক্রম করিতে পারিবে না।

(স্বামীজীর বাণী ও রচনা - *প্রথম খণ্ড - রাজযোগ - প্রত্যাহার ও ধারণা*, পৃষ্ঠা ২০৫)

7

অধ্যবসায়

নারদ নামে এক মহান্ দেবর্ষি ছিলেন। যেমন মানুষের মধ্যে ঋষি অর্থাৎ বড় বড় যোগী থাকেন, সেইরূপ দেবতাদের মধ্যেও বড় বড় যোগী আছেন। নারদও সেইরূপ একজন মহাযোগী ছিলেন। তিনি সর্বত্র ভ্রমণ করিয়া বেড়াইতেন।

একদিন তিনি এক বনের মধ্য দিয়া যাইতে যাইতে সেখানে দেখিলেন একজন লোক ধ্যান করিতেছে; সে এত গভীরভাবে ধ্যান করিতেছে, এত

দীর্ঘকাল একাসনে উপবিষ্ট আছে যে, তাহার চতুর্দিকে প্রকান্ড বল্মীক-স্তুপ নির্মিত হইয়া গিয়াছে।

সে নারদকে বলিল, 'প্রভো, আপনি কোথায় যাইতেছেন?' নারদ উত্তর করিলেন, 'বৈকুণ্ঠে যাইতেছি।' তখন সে বলিল, 'ভগবানকে জিজ্ঞাসা করিবেন, তিনি কবে আমায় কৃপা করিবেন, কবে আমি মুক্তিলাভ করিব।'

আরও কিছুদূর যাইতে নারদ আর একটি লোককে দেখিলেন। সে ব্যক্তি লম্ফ-ঝম্ফ নৃত্য-গীতাদি করিতেছিল, সেও বলিল, 'ও নারদ, কোথায় চলেছ?' তার কন্ঠস্বর ও ভাব-ভঙ্গি পাগলের মতো।

নারদ তাহাকেও বলিলেন, 'স্বর্গে যাইতেছি।' সে বলিল, 'তা-হ'লে ভগবানকে জিজ্ঞাসা করবেন, আমি কবে মুক্ত হবো।'

নারদ চলিয়া গেলেন। কালক্রমে নারদ আবার সেই পথে যাইবার সময় বল্মীক-স্তুপ মধ্যে ধ্যানস্থ সেই যোগীকে দেখিতে পাইলেন। সে জিজ্ঞাসা করিল, 'দেবর্ষে, আপনি কি আমার কথা ভগবানকে জিজ্ঞাসা করিয়াছিলেন?'

'হাঁ, নিশ্চয়ই জিজ্ঞাসা করিয়াছিলাম।'

'তিনি কি বলিলেন?' নারদ উত্তর দিলেন, 'ভগবান্ বলিলেন-মুক্তি পাইতে তোমার আরও চার জন্ম লাগিবে।'

তখন সেই ব্যক্তি বিলাপ ও আর্তনাদ করিয়া বলিতে লাগিল, 'আমি এত ধ্যান করিয়াছি যে, আমার চতুর্দিকে বল্মীক-স্তুপ হইয়া গিয়াছে, এখনও আমার চার জন্ম অবশিষ্ট!'

নারদ তখন অপর ব্যক্তির নিকট গেলেন। সে জিজ্ঞাসা করিল, 'আমার কথা কি জিজ্ঞাসা করেছিলেন?'

নারদ বলিলেন, 'হাঁ, এই তোমার সম্মুখে তেঁতুল গাছ দেখিতেছ? এই গাছে যত পাতা আছে, তোমাকে ততবার জন্মগ্রহণ করিতে হইবে, তবে তুমি মুক্তিলাভ করিবে।'

এই কথা শুনিয়া সে আনন্দে নৃত্য করিতে লাগিল, বলিল, 'এত অল্প সময়ে মুক্তিলাভ ক'রব!'

তখন এক দৈববাণী হইল, 'বৎস, তুমি এই মুহূর্তে মুক্তিলাভ করিবে।' সে ব্যক্তি এইরূপ অধ্যবসায়সম্পন্ন ছিল বলিয়াই, তাহার ঐ পুরস্কারলাভ হইল।

সে ব্যক্তি বহু জন্ম সাধন করিতে প্রস্তুত ছিল। কিছুই তাহাকে নিরুদ্যম করিতে পারে নাই।

কিন্তু ঐ প্রথম ব্যক্তি চার জন্মকেই বড় বেশী মনে করিয়াছিল। যে ব্যক্তি মুক্তির জন্য শত শত যুগ অপেক্ষা করিতে প্রস্তুত ছিল, তাহার ন্যায় অধ্যবসায়সম্পন্ন হইলেই উষ্ততম ফললাভ হইয়া থাকে।

(বানী ও রচনা (১), - রাজযোগ - সংক্ষেপেরাজযোগ, পৃষ্ঠা ২১৮ – ২১৯)

৩

৩

"ওরে মুর্খদল!
জীবন্ত দেবতা ঠেলি,
অবহেলা করি'
অনন্ত প্রকাশ তাঁর এ ভুবনময়,
চলেছিস ছুটে মিথ্যা মায়ার পিছনে
বৃথা দ্বন্দ্ব কলহের পানে—
কর তাঁর উপাসনা, একমাত্র প্রত্যক্ষ দেবতা,
ভেঙে ফেলো আর সব পুতুল প্রতিমা।"

(বানী ও রচনা (৭), জাগ্রত দেবতা, পৃষ্ঠা ৪২৪)

৪
নৈতিকতা

একজন রাজার বহুসংখ্যক সভাসদ্ ছিলেন। তাঁহাদের প্রত্যেকেই বলিতেন, 'আমি আমার প্রভুর জন্য আমার জীবন বিসর্জন করিতে প্রস্তুত; আমার মতো অকপট ব্যক্তি কখনও জন্মগ্রহণ করে নাই।'

কালক্রমে একজন সন্ন্যাসী সেই রাজার নিকট আসিলেন। রাজা তাঁহাকে বলিলেন, কোন দিনই কোন রাজার আমার মতো এতজন অকপট বিশ্বস্ত সভাসদ্‌ ছিল না।'

সন্ন্যাসী হাসিয়া বলিলেন, 'আমি ইহা বিশ্বাস করি না।'

রাজা বলিলেন, 'আপনি ইচ্ছা করিলে ইহা পরীক্ষা করিয়া দেখিতে পারেন।'

ইহা শুনিয়া সন্ন্যাসী ঘোষণা করিলেন, 'আমি একটি বিরাট যজ্ঞ করিব, যাহা দ্বারা এই রাজার রাজত্ব দীর্ঘকাল থাকিবে। অবশ্য একটা শর্ত আছে—যজ্ঞের জন্য একটি ক্ষুদ্র দুগ্ধ-পুষ্করিণী করিতে হইবে, উহাতে রাজার প্রত্যেক সভাসদকে অন্ধকার রাত্রিতে এক কলসী দুধ ঢালিতে হইবে।'

রাজা হাসিয়া বলিলেন, ইহাই কি পরীক্ষা?'

তিনি তাঁহার সভাসদ্‌গণকে তাঁহার নিকট আসিতে বলিলেন এবং কি করিতে হইবে নির্দেশ দিলেন।

তাঁহারা সকলে সেই প্রস্তাবে সানন্দ সম্মতি জ্ঞাপন করিয়া গৃহে ফিরিলেন।

নিশীথ রাত্রিতে তাঁহারা আসিয়া পুষ্করিণীতে স্ব স্ব কলসী শূন্য করিলেন, কিন্তু প্রভাতে দেখা গেল পুষ্করিণীটি কেবল জলে পূর্ণ।

সভাসদ্‌গণকে একত্র করাইয়া এই ব্যাপার সম্বন্ধে জিজ্ঞাসা করা হইল।

তাঁহাদের প্রত্যেকেই ভাবিয়াছিলেন যখন এত কলসী দুধ ঢালা হইতেছে, তখন তিনি যে জল ঢালিতেছেন, তাহা কেহ ধরিতে পারিবে না।

দুর্ভাগ্যক্রমে আমাদের মধ্যে অধিকাংশেরই এইরূপ ধারণা। গল্পের সভাসদ্‌গণের ন্যায় আমরাও স্ব স্ব ভাগের কাজ ঐরূপে করিয়া যাইতেছি।

(স্বামীজীর বাণী ও রচনা - তৃতীয় খণ্ড - বেদান্তের আলোকে - বেদান্ত ও অধিকার, পৃষ্ঠা ৩৩২)

৭

মেষপালের মধ্যে সিংহ

মানুষকে কি এই উপদেশ দেওয়া উচিত যে, সে হাঁটু গাড়িয়া কাঁদিতে বসুক আর বলুক, ‘আমি অতি হতভাগ্যও পাপী’? না, তাহা না করিয়া বরং তাহার দেবত্বের কথা স্মরণ করাইয়া দেওয়া উচিত।

আমি একটি গল্প বলিতেছি।

শিকার অন্বেষণে আসিয়া এক সিংহী একপাল মেষ আক্রমণ করিল। শিকার ধরিবার জন্য লাফ দিতে গিয়া সে একটি শাবক প্রসব করিয়া সেখানেই মৃত্যুমুখে পতিত হইল।

সিংহ শাবকটি মেষপালের সহিত বর্ধিত হইতে লাগিল। সে ঘাস খাইত এবং মেষের মতো ডাকিত। সে মোটেই জানিত না যে, সে সিংহ।

একদিন এক সিংহ সবিস্ময়ে দেখিল যে, মেষপালের মধ্যে একটি প্রকাও সিংহ গাস খাইতেছে এবং মেষের মত ডাকিতেছে। ঐ সিংহকে দেখিয়া মেষের পাল এবং সেই সঙ্গে ঐ সিংহটিও পলায়ন করিল।

কিন্তু সিংহটি সুযোগ খুজিতে লাগিল, এবং একদিন মেষ সিংহটিকে নিদ্রিত দেখিয়া তাহাকে জাগাইয়া বলিল—'তুমি সিংহ'।

সে বলিল 'না', এই বলিয়া মেষের মতো ডাকিতে লাগিল।

কিন্তু আগন্তুক সিংহটি তাহাকে এক হ্রদের ধারে লইয়া গিয়া জলের মধ্যে তাহাদের নিজ প্রতিবিম্ব দেখাইয়া বলিল, 'দেখ তো, তোমার আকৃতি আমার মতো কি না?'

সে তাহার প্রতিবিম্ব দেখিয়া দেখিয়া স্বীকার করিল যে, তাহার আকৃতি সিংহের মতো। তারপর সিংহটি গর্জন করিয়া দেখাইল এবং তাহাকেও সেইরূপ করিতে বলিল।

মেষ সিংহটিও সেইরূপ চেষ্টা করিতে লাগিল এবং শীঘ্রই তাহার মতো গম্ভীর গর্জন করিতে পারিল। এখন সে আর মেষ নয়, সিংহ।

বন্ধুগণ, আমি আপনাদের সকলকে বলিতে চাই যে, আপনারা সকলে সিংহের মতো পরাক্রমশলী। যদি আপনাদের গৃহ অন্ধকারাবৃত থাকে, তাহা হইলে কি আপনারা বিক চাপড়াইয়া 'অন্ধকার অন্ধকার' বলিয়া কাঁদিতে থাকিবেন? তাহা নয়।

আলো পাইবার একমাত্র উপায় আলো জ্বালা, তবেই অন্ধকার চলিয়া যাইবে। ঊর্ধ্বের আলো পাইবার একমাত্র উপায় অন্তরের মধ্যে আধ্যাত্মিক আলো জ্বালা। তবেই পাপ ও অপবিত্রতারূপ অন্ধকার দূরীভূত হইবে। তোমার উচ্চ প্রকৃতির বিষয় চিন্তা কর; হীনতার কথা ভাবিও না।

(বাণী ও রচনা - তৃতীয় খণ্ড - ধর্ম-সমীক্ষা - আত্মা, ঈশ্বর ও ধর্ম, পৃষ্ঠা ১৯৮-১৯৯)

10

একটি ভূতের গল্প

একজন গরীব লোকের কিছু অর্থের প্রয়োজন ছিল। সে শুনিয়াছিল যে, কোনরূপে একটি ভূতকে বশীভূত করিতে পারিলে তাহাকে আজ্ঞা করিয়া সে অর্থ বা যাহা কিছু চায় সবই পাইতে পারে। অতএব সে একটি ভূত সংগ্রহ করিবার জন্য বড় ব্যস্ত হইয়া পড়িল।

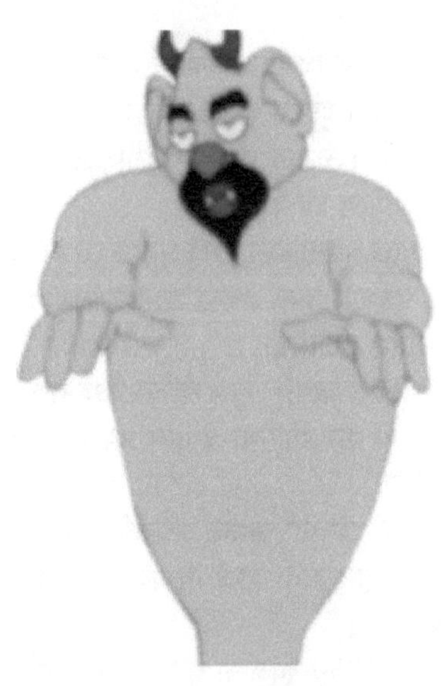

তাহাকে ভূত দিতে পারে এমন একটি লোক খুঁজিয়া বেড়াইতে লাগিল; অবশেষে মহা-যোগৈশ্বর্যসম্পন্ন এক সাধুর সহিত তাহার দেখা হইল। সে ঐ সাধুর সাহায্য প্রার্থনা করিল। সাধু বলিলেন, 'ভূত লইয়া তুমি কি করিবে?'

সে বলিল, 'আমার একটি ভূত চাই। সে আমার হইয়া কাজকর্ম করিবে। কিরূপে একটি ভূত পাইব তাহার উপায় শিখাইয়া দিন, একটি ভূত আমার বিশেষ প্রয়োজন।'

সাধু বলিলেন, 'অত বিষ্ফুব্ধ হইও না, বাড়ি যাও।'

পরদিন সে পুনরায় সাধুর নিকট গিয়া কাঁদিয়া কাটিয়া বলিতে লাগিল, 'আমাকে একটি ভূত দিন। কাজে সাহায্য করিবার জন্য একটি ভূত আমার চাই-ই-চাই।'

অবশেষে সাধুটি বিরক্ত হইয়া বলিলেন, 'এই যাদুমন্ত্র লও; ইহা জপ করিলে একটি ভূত আসিবে-তাহাকে যাহা আদেশ করিবে, সে তাহাই করিবে।

কিন্তু সাবধান, ভূত বড় ভয়ানক প্রাণী-তাহাকে অবিরত কাজে ব্যস্ত রাখিতে হয়; তাহাকে কাজ দিতে না পারিলে সে তোমার প্রাণ লইবে!'

লোকটি বলিল, 'ইহা তো অতি সহজ ব্যাপার, আমি তাহাকে তাহার জীবনব্যাপী কর্ম দিতে পারি।'

এই বলিয়া সে এক বনে গিয়া অনিক দিন ধরিয়া ঐ মন্ত্রটি জপ করিতে লাগিল; অবশেষে তাহার সম্মুখে এক বিরাট ভূত আসিয়া উপস্থিত হইল এবং বলিল, 'আমি ভূত-আমি তোমার মন্ত্রবলে বশীভূত হইয়াছি; কিন্তু আমাকে সর্বদা কাজে নিযুক্ত রাখিতে হইবে।

যে মুহূর্তে কাজ দিতে না পারিবে, সেই মুহূর্তে তোমাকে সংহার করিব।'

লোকটি বলিল, 'আমার জন্য একটি প্রাসাদ নির্মাণ করিয়া দাও।' ভূত বলিল, 'হাঁ, প্রাসাদ নির্মিত হইয়াছে।'

লোকটি বলিল, 'টাকা আনো।' ভূত বলিল, 'এই লও টাকা।'

লোকটি বলিল, 'এই বন কাটিয়া এখানে একটি শহর তৈরি কর।' ভূত বলিল, 'তাহাও হইয়াছে।

আর কিছু করিতে হইবে?' তখন লোকটির ভয় হইল; সে ভাবিতে লাগিল,-'ইহাকে তো আর কোন কাজ দিবার নাই, এ তো দেখিতেছি এক মুহূর্তে সব সম্পন্ন করে!'

ভূত বলিল, 'আমাকে কিছু কাজ দাও, নাইলে তোমায় খাইয়া ফেলিব।'

ভূতকে আর কি কাজ দিবে ভবিয়া না পাইয়া বেচারা অতিশয় ভয় পাইল। ভয়ে দৌড়াইতে দৌড়াইতে সাধুর নিকট পৌঁছিয়া বলিল, 'প্রভু, আমাকে রক্ষা করুন।'

সাধু জিজ্ঞাসা করিলেন, 'ব্যাপার কি?' লোকটি বলিল, 'ভূতকে আমি আর কিছু কাজ দিতে পারিতেছি না। আমি যা বলি তাই সে মুহূর্তের মধ্যে সম্পন্ন করিয়া ফেলে; আর যদি তাহাকে কাজ না দিই তাহা হইলে আমাকে খাইয়া ফেলিবে বলিয়া ভয় দেখাইতেছে।'

ঠিক তখনই 'তোমাকে খাইয়া ফেলিব' বলিতে বলিতে ভূত আসিয়া হাজির হইল। খায় আর কি! লোকটি ভয়ে থর-থর করিয়া কাঁপিতে লাগিল, এবং তাহার জীবন-রক্ষার জন্য সাধুর নিকট প্রার্থনা করিতে লাগিল।

সাধু বলিলেন, 'আচ্ছা, তোমার একটি উপায় করিতেছি; ঐ কুকুরটির দিকে চাহিয়া দেখ-উহার বাঁকা লেজ। শীঘ্র তরবারি বাহির করিয়া উহার লেজটি কাটো, তারপর ভূটিকে উহা সোজা করিতে দাও।'

লোকটি কুকুরের লেজ কটিয়া ভূতকে দিয়া বলিল, 'ইহা সোজা করিয়া দাও।'

ভূত উহা লইয়া ধীরে ধীরে অতি সন্তর্পণে সোজা করিল, কিন্তু যেমনি ছাড়িয়া দিল, অমনি উহা গুটাইয়া গেল। আবার সে অনেক পরিশ্রম করিয়া লেজটি সোজা করিল-ছাড়িয়া দিতেই উহা গুটাইয়া গেল।

আবার সে ধৈর্য সহকারে লেজটি সোজা করিল, কিন্তু ছাড়িয়া দিবামাত্র উহা বাঁকিয়া গেল। এইরূপে দিনের পর দিন সে পরিশ্রম করিতে লাগিল।

অবশেষে ক্লান্ত হইয়া বলিতে লাগিল, 'জীবনে কখনও এমন যন্ত্রণায় পড়ি নাই। আমি পুরাতন পাকা ভূত, কিন্তু জীবনে কখনও এমন বিপদে পড়ি নাই।'

অবশেষে লোকটিকে বলিল, 'এস তোমার সঙ্গে আপস করি। তুমি আমাকে ছাড়িয়া দাও, আমিও তোমাকে যাহা যাহা দিয়াছি সবই রাখিতে দিব, এবং প্রতিজ্ঞা করিব-কখনও তোমার অনিষ্ট করিব না।' লোকটি খুব সন্তুষ্ট হইয়া আনন্দের সহিত এই চুক্তি স্বীকার করিল।

এই জগৎটা কুকুরের কোঁকড়ানো লেজের মতো; মানুষ শত শত বৎসর যাবৎ ইহা সোজা করিবার চেষ্টা করিতেছে, কিন্তু যখনই একটু ছাড়িয়া দেয়, তখনই উহা আবার গুটাইয়া যায়। অন্যথা আর কিরূপ হইবে?

প্রথমেই জানা উচিত, আসক্তিশূন্য হইয়া কিভাবে কাজ করিতে হয়; তাহা হইলেই আর গোঁড়ামি আসিবে না। যখন আমরা জানিতে পারি, এই জগৎ কুকুরের কোঁকড়ানো লেজের মতো, এবং উহা কখনও সোজা হইবে না, তখনই আমরা আর গোঁড়া হইব না।

(স্বামীজীর বাণী ও রচনা, তৃতীয় খণ্ড - বেদান্তের আলোকে - বেদান্ত ও অধিকার, পৃষ্ঠা ৩৩২)

৯

৯

"ব্রহ্ম হ'তে কীট-পরমাণু, সর্বভূতে সেই প্রেমময়,
মন প্রাণ শরীর অর্পণ কর সখে, এ সবার পায়।
বহুরূপে সম্মুখে তোমার, ছাড়ি কোথা খুঁজিছ ঈশ্বর?
জীবে প্রেম করে যেই জন, সেই জন সেবিছে ঈশ্বর"

(বাণী ও রচনা (৬), সখার প্রতি, পৃষ্ঠা ২৫৯)

11

বাণী সঙ্কলন

উদ্বোধন কার্যালয়ের 'পত্রাবলী' এবং বিভিন্ন খন্ডের 'বাণী ও রচনা' গ্রন্থে প্রকাশিত স্বামী বিবেকানন্দের নানান প্রবন্ধ, চিঠিপত্র ও বক্তৃতা বলী থেকে তরুণ শিক্ষার্থীদের জীবন গঠনের উপযোগী কিছু উদ্ধৃতি নিম্নলিখিত দশ ভাগে সংকলিত হলোঃ শক্তি, জীবন, শিক্ষা, কর্তব্য, কার্য, প্রেরণা, জ্ঞান, জগৎ, ধর্ম, জাতি ও দেশ।

ভবিষ্যতের যুব সম্প্রদায়ের এর থেকে সামান্যতম উপকৃত হলে আমাদের প্রয়াস সার্থক হবে।

1. শক্তি

(1) বলে - একে বিশ্বাস করো, ওকে বিশ্বাস কর; বলি, প্রথমে আপনাকে বিশ্বাস করো দিকি। নিজের উপর বিশ্বাস রাখো, সমুদয় শক্তি তোমার ভিতরে - এইটি জানো এবং ওই শক্তিকে অভিব্যক্ত করো - বলো, আমি সব করতে পারি।

(পত্রাবলী, চিঠি #১২২, ২৫/৯/১৮৯৪, পৃষ্ঠা ১৯৬.)

(2) নিজেদের উপর নির্ভর করিতে শেখো।

(পত্রাবলী, চিঠি #১৩৪, ২৭/১০/১৮৯৪, পৃষ্ঠা ২১০.)

(3) তোমার হৃদয়ে প্রেম আছে তো? তবেই তুমি সর্বশক্তিমান। তুমি সম্পূর্ণ নিষ্কাম তো? তাহা যদি হও তবে তোমার শক্তি কে রোধ করিতে পারে? চরিত্রবলে মানুষ সর্বত্রই জয়ী হয়।

(পত্রাবলী, চিঠি #১৩৪, ২৭/১০/১৮৯৪, পৃষ্ঠা ২১১.)

(4) কেহ কিছু পাইবার ঠিক ঠিক উপযুক্ত হইলে জগতের কোনো শক্তিই তাহাকে তাহার প্রাপ্য হইতে বঞ্চিত করিতে পারে না।

(পত্রাবলী, চিঠি #১৩৭, ১৮/১১/১৮৯৪, পৃষ্ঠা ২২১.)

(5) মূর্খদিগকেও যদি প্রশংসা করা যায়, তবে তাহারাও কার্যে অগ্রসর হয়। যদি সবদিকে সুবিধা হয়, তবে অতি কাপুরুষও বীরের ভাব ধারণ করে। কিন্তু, প্রকৃত বীর নীরবে কার্য করিয়া চলিয়া যান।

(পত্রাবলী, চিঠি #১৩৪, ২৭/১০/১৮৯৪, পৃষ্ঠা ২১২.)

(6) অসত্যের চেয়ে সত্যের প্রভাব অনন্তগুণে বেশি, সাধুতারও তাই। তোমাদের যদি ওই গুণগুলি থাকে, তবে ওরা নিজেদের শক্তিতেই পথ করে নেবে।

(পত্রাবলী, চিঠি #১৬২, ১১/০১/১৮৯৫, পৃষ্ঠা ২৭৭)

(7) বিদ্যা-বুদ্ধি বাড়ার ভাগ – উপরের চাকচিক্য মাত্র; সমস্ত শক্তির ভিত্তি হচ্ছে হৃদয়।

(পত্রাবলী, চিঠি #৪৭৬, ২১/০২/১৯০০, পৃষ্ঠা ৬৯৪)

(৪) মনে রাখবেন – ব্যক্তিগত 'চরিত্র' এবং 'জীবন'ই শক্তির উৎস, অন্য কিছু নহে।

(পত্রাবলী, চিঠি #২৭৬, ১৪ এপ্রিল, ১৮৯৬, পৃষ্ঠা ৪৪৮)

(9) ওঠ, এস, সিংহস্বরূপ হইয়া তোমরা নিজেদের মেষতুল্য মনে করিতেছ, ভ্রমজ্ঞান দূর করিয়া দাও। তোমরা অমর আত্মা, মুক্ত আত্মা-চির-আনন্দময়। তোমরা জড় নও, তোমরা দেহ নও, জড় তোমাদের দাস, তোমরা জড়ের দাস নও।

(বাণী ও রচনা (১), হিন্দুধর্ম, পৃষ্ঠা ১৪)

(10) যাতে উন্নতির বিঘ্ন করে বা পতনের সহায়তা করে, তাই পাপ বা অধর্ম; আর যাতে উন্নত ও সমন্বয়-ভাবাপন্ন হবার সাহায্য করে, তাই ধর্ম।

(বাণী ও রচনা (৬), পত্রাবলী – ৭৯, পৃষ্ঠা ৩৮৯)

2. জীবন

(1) বংশগণ মনে রাখিও কাপুরুষ ও দুর্বলগণই পাপাচরণ করে ও মিথ্যা কথা বলে। সাহসী ও সবলচিত্ত ব্যক্তিগণ নীতিপরায়ণ। নীতিপরায়ণ, সাহসী ও সহানুভূতি সম্পন্ন হইবার চেষ্টা কর।

(বাণী ও রচনা (৬), পত্রাবলী - ২৩, পৃষ্ঠা ২৯৩)

(2) *Life is ever expanding, contraction is death.* (জীবন হচ্ছে সম্প্রসারণ, সঙ্কোচনই মৃত্যু)।

(চিঠি #১০৬, ১৯৮৪, পৃষ্ঠা ১৬৮।

(3) সম্প্রসারণই জীবন - সংকীর্ণতাই মৃত্যু। প্রেমই জীবন - দ্বেষই মৃত্যু।

(চিঠি #১৩৭, ১৮/১১/১৮৯৪, পৃষ্ঠা ২২০)

(4) জীবন তো ক্ষণস্থায়ী - একটা মহৎ উদ্দেশ্যে জীবনটা সমর্পণ করো।

(চিঠি #১০৯, ১১/৭/১৮৯৪, পৃষ্ঠা ১৬৮)

(5) বৎস, কোন ব্যক্তি - কোন জাতিই অপরকে ঘৃণা করিলে জীবিত থাকিতে পারে না।

(চিঠি #১৩৪, ২৭/১০/১৮৯৪, পৃষ্ঠা ২১২)

(৬) দুইটি জিনিস হইতে বিশেষ সাবধান থাকিবে - ক্ষমতাপ্রিয়তা ও ঈর্ষা। সর্বদা আত্মবিশ্বাস অভ্যাস করতে চেষ্টা কর।

(চিঠি #১৩৪, ২৭/১০/১৮৯৪, পৃষ্ঠা ২১২)

(7) জীবনের অর্থ বিস্তার; বিস্তার ও প্রেম একই কথা। সুতরাং প্রেমই জীবন - উহাই জীবনের একমাত্র গতিনিয়ামক; স্বার্থপরতাই মৃত্যু, জীবন থাকিতেও ইহা মৃত্যু, আর দেহাবসানেও এই স্বার্থপরতাই প্রকৃত মৃত্যুস্বরূপ।

(চিঠি #১৩৮, ২৯/১১/১৮৯৪, পৃষ্ঠা ২২২)

(8) পরোপকারই জীবন, পরহিতচেষ্টার অভাবই মৃত্যু।

(চিঠি #১৩৮, ২৯/১১/১৮৯৪, পৃষ্ঠা ২২২)

(9) প্রত্যেকেরই কর্তব্য-নিজ নিজ আদর্শ জীবনে পরিণত করিতে চেষ্টা করা। অপর ব্যক্তির আদর্শ লইয়া তদনুসারে জীবন গঠনের চেষ্টা করা অপেক্ষা ইহাই উন্নতি লাভ করার অপেক্ষাকৃত নিশ্চিত উপায়। অপরের আদর্শ হয়তো জীবনে কখনই পরিণত করা সম্ভব হইবে না।

(বাণী ও রচনা (১), কর্মযোগ - নিজনিজকর্মক্ষেত্রেপ্রত্যেকেইবড়, পৃষ্ঠা ৪৫)

(10) জীবন তো ক্ষণস্থায়ী - একটা মহৎ উদ্দেশ্যে জীবনটা সমর্পণ করো।

চিঠি #১০৯, ১১/৭/১৮৯৪, পৃষ্ঠা ১৬৮।

3. শিক্ষা

(1) শিক্ষা হচ্ছে, মানুষের ভিতর যে পূর্ণতা প্রথম থেকেই বিদ্যমান, তারই প্রকাশ। ধর্ম হচ্ছে মানুষের ভিতর যে ব্রহ্মত্ব প্রথম থেকেই বিদ্যমান, তারই প্রকাশ।

(চিঠি #৮৩, ০৩/০৩/১৮৯৪ পৃষ্ঠা – ১১১)

(2) মূর্খ ভবঘুরে হইও না, কিন্তু বীরের মতো অগ্রসর হও।

(চিঠি #৫৩, ০৬/০৭/১৮৯০, পৃষ্ঠা – ১৯)

(3) যাবত বাঁচি তাবৎ শিখি - অভিজ্ঞতাই জগতে সর্বশ্রেষ্ঠ শিক্ষক।

(বাণী ও রচনা (৬), পত্রাবলী 60, পৃষ্ঠা ৩৩৪)

(4) আমাদিগকে ভ্রমণ করিতেই হইবে, আমাদিগকে বিদেশে যাইতেই হইবে। আমাদিগকে দেখিতে হইবে, অন্যান্য দেশে সমাজ যন্ত্র কিরূপে পরিচালিত হইতেছে। আর যদি আমাদিগকে যথার্থই পুনরায় একটি জাতীরূপে গঠিত হইতে হয়, তবে অপর জাতির চিন্তার সহিত আমাদের অবাধ সংস্রব রাখিতে হইবে। সর্বোপরি আমাদিগকে দরিদ্রের উপর অত্যাচার বন্ধ করিতে হইবে।

(বাণী ও রচনা (৬), পত্রাবলী – ৫৪, পৃষ্ঠা ৩৩২)

(5) এসো মানুষ হও। নিজেদের সঙ্কীর্ণ গর্ত থেকে বেরিয়ে এসে বাইরে গিয়ে দেখ, সব জাতি কেমন উন্নতির পথে চলেছে। তোমরা কি মানুষকে ভালোবাসো ? তাহলে এস, আমরা ভাল হবার জন্য - উন্নত হবার জন্য প্রাণপণে চেষ্টা করি। পেছনে চেও না - অতি প্রিয় আত্মীয়স্বজন কাঁদুক ; পেছনে চেও না, সামনে এগিয়ে যাও ।

(পত্রাবলী, চিঠি #৭১, ১০/০৭/১৮৯৩ পৃষ্ঠা – ৭২)

(6) টাকায় কিছু হয় না, নামেও হয় না, যশেও হয় না, বিদ্যায়ও কিছু হয় না, ভালোবাসায় সব হয়, চরিত্রই বাধাবিঘ্নরূপ বজ্রদৃঢ় প্রাচীরের মধ্য দিয়া পথ করিয়া লইতে পারে।

(পত্রাবলী, চিঠি #১৩৮, ২৯/১১/১৮৯৪, পৃষ্ঠা ২২২)

(7) সকলে নিদ্রিত হয়ে থাকলেও কাল জাগরিত থাকেন, কালকে অতিক্রম করা বড় কঠিন।

(পত্রাবলী, চিঠি #৮৮, ১৯/৩/১৮৯৪, পৃষ্ঠা ১২১)

(৪) যতই আমরা বই পড়ি বা বক্তৃতা শুনি বা লম্বা লম্বা কথা বলি, শেষ পর্যন্ত অভিজ্ঞতাই একমাত্র শিক্ষক, সেই শুধু চোখ ফোটায়।

(পত্রাবলী, চিঠি #৪৭৫, ২০/২/১৯০০, পৃষ্ঠা ৬৯৩)

(9) যখন নদীতে জল কিছুই থাকিবে না, তখন পার হইব বলিয়া বসিয়া থাকিবে না।

(বানী ও রচনা (৬), পত্রাবলী – ৯৫, পৃষ্ঠা ৪২২

(10) আমরা শিখি হাসির আলোয়, শিখি চোখের জলে।

(পত্রাবলী, চিঠি #৪৭৫, ২০/২/১৯০০, পৃষ্ঠা ৬৯৩)

4. কর্তব্য

(1) কোন ভাল কাজই বিনা বাধায় সম্পন্ন হয় না। কেবল যারা শেষ পর্যন্ত অধ্যবসায়ের সহিত লেগে থাকে, তারাই কৃতকার্য হয়।

(পত্রাবলী , চিঠি #৯১, ৯/৪/১৮৯, পৃষ্ঠা ১২৭)

(2) যাহারা লক্ষ লক্ষ দরিদ্র ও নিষ্পেষিত নরনারীর বুকের রক্ত দ্বারা অর্জিত অর্থে শিক্ষিত হইয়া এবং বিলাসিতায় আকণ্ঠ নিমজ্জিত থাকিয়াও উহাদের কথা একটিবার চিন্তা করবার অবসর পায় না তাহাদিগকে আমি 'বিশ্বাসঘাতক' বলিয়া অবহিত করি।

(পত্রাবলী, চিঠি #১৩৬, November ১৮৯৪, পৃষ্ঠা ২১৭)

(3) সর্বদা পবিত্র থাকিবে। কায়মনোবাক্যেও যেন অপবিত্র না হও এবং সদা যথাসাধ্য পরোপকার করিতে চেষ্টা করিবে।

(পত্রাবলী, চিঠি #৭০, ২৪/০৫/১৮৯৩, পৃষ্ঠা – ৬৫)

(4) সাহস অবলম্বন কর, আমাদ্বারা ও তোমাদের দ্বারা বড় বড় কাজ হইবে, এই বিশ্বাস রাখ। ভগবান বড় বড় কাজ করিবার জন্য আমাদিগকে নির্দিষ্ট করিয়াছেন, আর আমরা তাহা করিব। নিজদিগকে প্রস্তুত করিয়া রাখ; অর্থাৎ পবিত্র, বিশুদ্ধস্বভাব, এবং নিঃস্বার্থ প্রেমসম্পন্ন হও। দরিদ্র, দুঃখী, পদদলিতদিগকে ভালবাস; ভগবান তোমাদিগকে আশীর্বাদ করিবেন।

(পত্রাবলী, চিঠি #৭৮, ০২/১১/১৮৯৩ পৃষ্ঠা – ৯৬)

(5) বড় হইতে গেলে কোন জাতির বা ব্যক্তির পক্ষে এই তিনটি প্রয়োজন (ক) সাধুতার শক্তিতে প্রগাঢ় বিশ্বাস, (খ) হিংসা ও সন্দিগ্ধভাবের একান্ত অভাব। (গ) যাহারা সৎ হইতে কিংবা সৎ কাজ করিতে সচেষ্ট, তাহাদিগের সহায়তা।

(পত্রাবলী, চিঠি #৮২, ২৯/০১/১৮৯৪ পৃষ্ঠা – ১০৭)

(6) এই জীবন ক্ষণভঙ্গুর, জগতের ধন-ঐশ্বর্য- সকলই ক্ষণস্থায়ী। তাহারাই যথার্থ জীবিত, যাহারা অপরের জন্য জীবনধারণ করে। অবশিষ্ট ব্যক্তিগণ বাঁচিয়া নাই, মরিয়া আছে।

(পত্রাবলী, চিঠি #১০২, ২৩/৬/১৮৯৪, পৃষ্ঠা ১৫১)

(7) 'কেন' প্রশ্নে আমাদের নাই অধিকার। কাজ কর, করে মর - এই হয় সার।

(বাণী ও রচনা (৬), পত্রাবলী ৬২, পৃষ্ঠা ৩৩৭)

(8) আমাদের বিশ্বাস – প্রত্যেক বাক্তির অপর বাক্তিকে এইভাবে অর্থাৎ ঈশ্বর বলে চিন্তা করা উচিত ও তার সঙ্গে তেমনভাবে ব্যাবহারও করা উচিত, কাকেও ঘৃণা করা বা কোনরুপে কারও নিন্দা বা অনিষ্ঠ করা উছিত নয়।

(পত্রাবলী, চিঠি #৮৩, ৩ মার্চ ১৮৯৪, পৃষ্ঠা ১১০)

(9) আমাদের প্রথম কর্তব্য-নিজেকে ঘৃণা না করা। উন্নত হইতে হইলে প্রথমে নিজের উপর, তারপর ঈশ্বরের উপর বিশ্বাস আবশ্যক। যাহার নিজের উপর বিশ্বাস নাই, তাহার কখনও ঈশ্বরে বিশ্বাস আসিতে পারে না।

(বাণী ও রচনা (১), কর্মযোগ - নিজনিজকর্মক্ষেত্রেপ্রত্যেকেইবড়, পৃষ্ঠা ৪২)

(10) তোমার নিজের দোষের জন্য কাহাকেও নিন্দা করিও না, নিজের পায়ে নিজে দাঁড়াও, সমুদয় দায়িত্ব নিজ স্কন্ধে গ্রহণ কর। বলো, আমি যে কষ্ট ভোগ করিতেছি, তাহা আমারই কৃতকর্মের ফল।

(বাণী ও রচনা (২) - জ্ঞানযোগ - জগৎ (২), পৃষ্ঠা ১৩৪)

5. কার্য

(1) নাম, যশ বা অন্য কিছু তুচ্ছ জিনিসের জন্য পশ্চাতে চাহিও না। স্বার্থকে একেবারে বিসর্জন দাও ও কার্য কর।

(পত্রাবলী, চিঠি #৯৯, ২৮/৫/১৮৯৪, পৃষ্ঠা ১৩৮)

(2) উৎসাহ, বৎস, উৎসাহ - প্রেম, বৎস, প্রেম। বিশ্বাস শ্রদ্ধা। আর ভয় করিও না, সর্বাপেক্ষা গুরুতর পাপ - ভয়।

(পত্রাবলী, চিঠি #৯৯, ২৮/৫/১৮৯৪, পৃষ্ঠা ১৩৯)

(3) তোমরা যতটুকু পারো কর। যখন নদীতে জল কিছুই থাকবে না, তখন পার হইবে বলিয়া বসিয়া থাকিবে না।

(পত্রাবলী, চিঠি #৯৯, ২৮/৫/১৮৯৪, পৃষ্ঠা ১৪০)

(4) কার্যের সামান্য আরম্ভ দেখিয়া ভয় পাইও না, কাজ সামান্য হইতেই বড় হইয়া থাকে। সাহস অবলম্বন কর।

(পত্রাবলী, চিঠি #৯৯, ২৮/৫/১৮৯৪, পৃষ্ঠা ১৪০)

(5) নেতা হইতে যাইও না, সেবা কর। নেতৃত্বের এই পাশবিক প্রবৃত্তি জীবন সমুদ্রে অনেক বড় বড় জাহাজ ডুবাইয়াছে আর এই বিষয়ে বিশেষ সতর্ক হও অর্থাৎ মৃত্যুকে পর্যন্ত তুচ্ছ করিয়া নিঃস্বার্থ হও এবং কাজ কর।

(পত্রাবলী, চিঠি #৯৯, ২৮/৫/১৮৯৪, পৃষ্ঠা ১৪০)

(6) বিরাট রূপ এই জগৎ, তার পুজো মানে তার সেবা – এর নাম কর্ম।

(পত্রাবলী, চিঠি #১৫৫, ১৮৯৪, পৃষ্ঠা ২৫৮)

(7) যখন কর্মের পশ্চাতে স্বার্থপ্রেরণা থাকে না, তখনই মানুষ শ্রেষ্ঠ কর্ম করিতে পারে।

(বাণী ও রচনা (১), কর্তব্যকি?, পৃষ্ঠা ৬৮)

(8) পবিত্র ও দৃঢ়চিত্ত হও এবং মনে-প্রানে অকপট হও – ভাবের ঘরে এতটুকু চুরি না থাকে, তা হলেই সব ঠিক হয়ে যাবে।

(পত্রাবলী, চিঠি #১৫৫, ১৮৯৪, পৃষ্ঠা ২৬৭)

(9) 'যন্ সাধন তন্ সিদ্ধি'²-যখন তুমি কোন কার্য করিতেছ, তখন আর অন্য কিছু ভাবিও না; পূজারূপে-সর্ব্বোচ্চ পূজারূপে উহার অনুষ্ঠান কর এবং সেই সময়ের জন্য উহাতে সমগ্র মন-প্রাণ অর্পণ কর।

(বাণী ও রচনা (১), কর্তব্যকি?, পৃষ্ঠা ৭২)

(10) মন মুখ এক ক'রে নিজের কর্তব্য ক'রে যাও—সব ঠিক হয়ে যাবে। সত্যের জয় হবেই হবে!

(বাণী ও রচনা (৭), পত্রাবলী- ১৩৮, পৃষ্ঠা ২০)

৩

6. প্রেরণা

(1) প্রিয় বৎস ! জানিবে, কোন বড় কাজই গুরুতর পরিশ্রম ও কষ্টস্বীকার ব্যতীত হয় নাই।

(পত্রাবলী, চিঠি #৭২,২০/০৮/১৮৯৩ পৃষ্ঠা – ৭৪)

(2) মনে করিও না, তোমরা দরিদ্র। অর্থই বল নহে; সাধুতাই - পবিত্রতাই বল।

(পত্রাবলী, চিঠি #৭৮, ০২/১১/১৮৯৩ পৃষ্ঠা – ৯৭)

(3) বৎস ! সাহস অবলম্বন কর । ভগবানের ইচ্ছায় ভারতে আমাদের দ্বারা বড় বড় কার্য সম্পন্ন হইবে । বিশ্বাস কর , আমরাই মহৎ কর্ম করিব ।

(পত্রাবলী, চিঠি #৭২, ২০/০৮/১৮৯৩ পৃষ্ঠা – ৭৫)

(4) প্রিয় বাছারা, পিতামাতার চেয়েও তিনি তোমাদের নিকটতর। তোমরা ফুলের মতো পবিত্র ও নির্মল। সেভাবেই থাক। তাহলে তিনি নিজেকে প্রকাশ করবেন তোমাদের কাছে।

(পত্রাবলী, চিঠি #৭৫, ২/১০/১৮৯৩ পৃষ্ঠা – ৮৯)

(5) ভরসা তোমাদের উপর - পদমর্যাদাহীন, দরিদ্র কিন্তু বিশ্বাসী - তোমাদের উপর । ভগবানে বিশ্বাস রাখ । কোন চালাকির প্রয়োজন নেই; চালাকির দ্বারা কিছুই হয় না। দুঃখীদের ব্যথা অনুভব কর , আর ভগবানের নিকট সাহায্য প্রার্থনা কর - সাহায্য আসিবেই আসিবে ।

(পত্রাবলী, চিঠি #৭২, ২০/০৮/১৮৯৩ পৃষ্ঠা – ৭৯)

(6) আপনাতে বিশ্বাস রাখ। প্রবল বিশ্বাসই বড় বড় কার্যের জনক। এগিয়ে যাও, এগিয়ে যাও।

(পত্রাবলী, চিঠি #৮১, ২৪/০১/১৮৯৪ পৃষ্ঠা – ১০৪)

(7) চক্ষু আমাদের পৃষ্ঠের দিকে নয়, সামনের দিকে - অতএব সম্মুখে অগ্রসর হও।

(পত্রাবলী, চিঠি #১৩৪, ২৭/১০/১৮৯৪, পৃষ্ঠা ২১০)

(8) হে বৎস, যথার্থ ভালোবাসা কখনো বিফল হয় না। আজই হউক, কালই হউক, শতশত যুগ পরেই হউক, সত্যের জয় হইবেই, প্রেমের জয় হইবেই।

(পত্রাবলী, চিঠি #১৩৪, ২৭/১০/১৮৯৪, পৃষ্ঠা ২১১)

(৯) হঠাৎ কিছু করে ফেলা উচিত নয় পবিত্রতা সহিষ্ণুতা ও অধ্যবসায় এই তিনটি সর্বোপরি প্রেম সিদ্ধি লাভের জন্য একান্ত আবশ্যক।

(পত্রাবলী, চিঠি #১৪১, ৩০/১১/১৮৯৪, পৃষ্ঠা ২৩১)

(10) সর্বপ্রকার শক্তি তোমাতে উদ্বুদ্ধ হোক মহামায়া স্বয়ং তোমার হৃদয়ে এবং বাহুতে অধিষ্ঠিত হোন। অপ্রতিহত মহাশক্তি তোমাতে জাগ্রত হোক এবং সম্ভব হলে সঙ্গে সঙ্গে অসীম শান্তিও তুমি লাভ করো - এই আমার প্রার্থনা। - স্বামী বিবেকানন্দ

(পত্রাবলী, চিঠি #৫৬৮, ১২/২/১৯০২, পৃষ্ঠা ৭৮৬)

৬৩

7. জ্ঞান

(1) আমরা এখন যা হয়েছি, তা আমাদের চিন্তারই ফলস্বরূপ। সুতরাং তোমরা কি চিন্তা কর, সে বিষয়ে বিশেষ লক্ষ্য রেখো। বাক্য তো গৌণ জিনিস। চিন্তাগুলিই বহুকালস্থায়ী, আর তাদের গতিও বহুদূরব্যাপী। আমরা যে কোন চিন্তা করি, তাতে আমাদের চরিত্রের ছাপ লেগে যায়।

(বাণীওরচনা (৪০), দেববাণী, পৃষ্ঠা ২০৩)

(2) সিংহহৃদয় কাজের মানুষের কাছেই লক্ষ্মী দেবী এসে থাকেন।

(পত্রাবলী, চিঠি #২৮১, ১৮৯৬ পৃষ্ঠা – ৪৫৬)

(3) পেছনে ফিরে তাকানোর প্রয়োজন নেই। আগে চলো। আমাদের চাই অনন্ত শক্তি, অফুরন্ত উৎসাহ, সীমাহীন সাহস, অসীম ধৈর্য, তবেই আমরা বড় বড় কাজ করতে পারবো।

(পত্রাবলী, চিঠি #২৮১, ১৮৯৬ পৃষ্ঠা – ৪৫৬)

(4) যাহা স্বপ্রকাশ, তাহার কখনও ক্ষয় হয় না। যাহা অপরের আলোকে আলোকিত, তাহার আলোক কখন থাকে, কখন থাকে না। কিন্তু যাহা স্বয়ং আলোকস্বরূপ, তাহার আলোকের আবির্ভাব-তিরোভাব, হ্রাস-বৃদ্ধি আবার কি? আমরা দেখিতে পাই, চন্দ্রের ক্ষয় হয়, আবার উহার কলাবৃদ্ধি হইতে থাকে—তাহার কারণ উহা সূর্যের আলোকে আলোকিত । যদি অগ্নিতে লৌহপিও ফেলিয়া দেওয়া যায়, আর যদি উহাকে লোহিত-তপ্ত করা যায়, তবে উহা আলোক বিকিরণ করিতে থাকিবে, কিন্তু ঐ আলোক অপরের বলিয়া উহা চলিয়া যাইবে। অতএব ক্ষয় কেবল সেই আলোকেই সম্ভব, যাহা অপরের নিকট হইতে গৃহীত, যাহা স্বপ্রকাশ তাহাতে নহে।

(বাণী ও রচনা(২) - জ্ঞানযোগ - জগৎ (২), পৃষ্ঠা ১২২)

(5) *Lord have mercy* (ঈশ্বর করুণা করেন) ঠিক বটে, কিন্তু *He helps him who helps himself* (যে উদ্যমী, ভগবান তাহারই সহায় হন)।

(বাণী ও রচনা (৬), পত্রাবলী - ২১, পৃষ্ঠা ২৯১)

(৬) অনাসক্ত হও। জ্ঞানই শক্তি আর জ্ঞানলাভ করলেই তোমার শক্তিও আসবে। জ্ঞানের দ্বারা এমন কি এই জড় জগৎটাও তুমি উড়িয়ে দিতে পারো।

(বাণী ও রচনা (৪),দেববাণী, পৃষ্ঠা ২৬২)

(৭) কর্তব্যের ভিতর কিছু বড়-ছোট থাকিতে পারে না। সকাম কর্মীই-তাহার অদৃষ্টে যে কর্তব্য পড়িয়াছে, তাহাতে বিরক্তি প্রকাশ করে। অনাসক্ত কর্মীর পক্ষে সকল কর্তব্যই সমান, এবং ঐগুলিই অমোঘ অস্ত্র হইয়া তাহার স্বার্থপরতা এ ইন্দ্রিয়পরতা বিনষ্ট করে এবং সাধক মুক্তির পথে অগ্রসর হয়। আমরা যে কার্যে বিরক্তি প্রকাশ করি, তাহার কারণ- আমরা সকলেই নিজেদের খুব বড় ভাবিয়া থাকি, কিন্তু আন্তরিকতার সহিত কর্মে প্রবৃত্ত হইলেই আমরা নিম্ন- অবস্থানির্দিষ্ট অতি ক্ষুদ্র কর্তব্যগুলিও ঠিক ঠিক সম্পাদনে স্বীয় অক্ষমতা বুঝিতে পারি এবং তাহাতে আমরা নিজেদের সম্বন্ধে যে-সকল উচ্চ ধারণা পোষণ করিতাম, তাহা স্বপ্নের ন্যায় অন্তর্হিত হইয়া যায়।

(বাণী ও রচনা (১) - কর্মযোগ - কর্তব্য কি?, পৃষ্ঠা ৭৩)

(৪) যে গ্রহণ করে সে ধন্য হয় না, যে দান করে সেই ধন্য হয়। তুমি যে তোমার দয়া ও করুণাশক্তি জগতে প্রয়োগ করিয়া নিজেকে পবিত্র ও সিদ্ধ করিতে সমর্থ হইতেছ, এজন্য তুমি কৃতজ্ঞ হও। সব ভাল কাজই আমাদিগকে পবিত্র ও সিদ্ধ হইতে সহায়তা করে।

(বাণী ও রচনা (১), পরোপকারেনিজেরইউপকার, পৃষ্ঠা ৭৭)

(৯) হে ভ্রাতৃবৃন্দ, সত্যই মহিমময় ভবিষ্যৎ, প্রাচীন উপনিষদের যুগ হইতে আমরা পৃথিবীর সমক্ষে এই স্পর্ধাপূর্বক প্রচার করিয়াছিঃ'ন প্রজয়া ন ধনেন

ত্যাগেনৈকে অমৃতত্বমানশুঃ'—সন্তান বা ধনের দ্বারা নয়, ত্যাগের দ্বারাই অমৃতত্ব লাভ হইতে পারে।

(বাণী ও রচনা (৫) - ভারত প্রসঙ্গে - জগতের কাছে ভারতের বাণী, পৃষ্ঠা ৩৭২)

(10) যখন মৃত্যু অবশ্যম্ভাবী, তখন সৎ বিষয়ের জন্য দেহত্যাগই শ্রেয়ঃ।

(পত্রাবলী, চিঠি #১৫৫, ১৮৯৪, পৃষ্ঠা ২৬১)

৩

8. জগৎ

(1) জগৎটা আমার জন্য, আমি কখন জগতের জন্য নই। ভাল-মন্দ আমাদের দাসস্বরূপ, আমরা কখনও তাদের দাস নই। পশুর স্বভাব উন্নতি করা নয়, বরং যে অবস্থায় আছে, সেই অবস্থায় পড়ে থাকা; মানুষের স্বভাব মন্দ ত্যাগ ক'রে ভালটা পাবার চেষ্টা করা।

(বাণী ও রচনা (৪) – দেববাণী, পৃষ্ঠা ২০১)

(2) বৎস এই জগৎ দুঃখের আগার বটে, কিন্তু ইহা মহাপুরুষগণের শিক্ষালয়স্বরূপ। এই দুঃখ হইতেই সহানুভূতি, সহিষ্ণুতা, সর্বোপরি অদম্য দৃঢ় ইচ্ছাশক্তির বিকাশ হয়, যে শক্তিবলে মানুষ সমগ্র জগৎ চূর্ণবিচূর্ণ হইয়া গেলেও একটু কম্পিত হয় না।

(পত্রাবলী, চিঠি #৭২, ২০/০৮/১৮৯৩ পৃষ্ঠা – ৭৮)

(3) অপরের প্রতি আমাদের কর্তব্যের অর্থ-অপরকে সাহায্য করা, জগতের উপকার করা। কেন আমরা জগতের উপকার করিব? আপাততঃ বোধ হয় যে, আমরা জগৎকে সাহায্য করিতেছি, বাস্তবিক কিন্তু আমরা নিজেদেরই সাহায্য করিতেছি।

(বানী ও রচনা (১), পরোপকারেনিজেরইউপকার, পৃষ্ঠা ৭৬)

(4) বহুত্বের মধ্যে একত্বই সৃষ্টির পরিকল্পিত নিয়ম।

(বানী ও রচনা (১), কর্মযোগ - নিজনিজকর্মক্ষেত্রেপ্রত্যেকেইবড়, পৃষ্ঠা ৪৫)

(5) অতীতের গর্ভেই ভবিষ্যতের জন্ম। অতএব যতদূর পারো অতীতের দিকে তাকাও, পশ্চাতে যে অনন্ত নির্ঝরিণী প্রবাহিত, প্রাণ ভরিয়া আকণ্ঠ তাহার জল পান কর, তারপর সম্মুখ-প্রসারিত দৃষ্টি লইয়া অগ্রসর হও এবং ভারত প্রাচীনকালে যতদূর উচ্চ গৌরবশিখরে আরূঢ় ছিল, তাহাকে তদপেক্ষা উচ্চতর, উজ্জ্বলতর, মহত্তর, অধিকতর মহিমামণ্ডিত করিবার চেষ্টা কর।

(বানী ও রচনা (৫) - ভারতে বিবেকানন্দ - ভারতের ভবিষ্যৎ, পৃষ্ঠা ১৮১)

(6) উন্নতিলাভের একমাত্র উপায় : আমাদের হাতে যে কর্তব্য রহিয়াছে, তাহা অনুষ্ঠান করিয়া ধীরে ধীরে শক্তি সঞ্চয় করা এবং ক্রমশঃ অগ্রসর হওয়া, যে পর্যন্ত না আমরা সেই সর্বোচ্চ অবস্থায় উপনীত হইতে পারি। প্রত্যহ আবোল-তাবোল বকে, এমন একজন অধ্যাপক অপেক্ষা যে মুচি সর্বাপেক্ষা কম সময়ের মধ্যে একজোড়া শক্ত ও সুন্দর জুতা প্রস্তুত করিয়া দিতে পারে, সেই বড়-অবশ্য তাহার নিজ ব্যবসায় ও কার্যের দৃষ্টিতে।

(বানী ও রচনা (১) - কর্মযোগ - কর্তব্য কি, পৃষ্ঠা ৭০)

(7) বৃক্ষ হইতে বীজ আসে। বীজ তৎখণাৎ বৃক্ষ হয় না। উহার কতকটা বিশ্রামের বা অতিসূক্ষ্ম অব্যক্ত কার্যের জন্য সময়ের প্রয়োজন। বীজকে থনিকক্ষন মাটির নীচে থাকিয়া কার্য করিতে হয়। বীজ নিজেকে খণ্ড খণ্ড করিয়া ফেলে, নিজেকে যেন খানিকটা অধঃপতিত করে, এবং ঐ অবনতি হইতে উহার পুনর্জন্ম হইয়া থাকে।

(বাণী ও রচনা (২) - জ্ঞানযোগ - জগৎ, পৃষ্ঠা ১১২)

(8) এ জগতের সব কিছুই মূলত সৎ- উপরে তরঙ্গমালা যে-রূপেই হউক, তাহার অন্তরালে, গভীরতম প্রদেশে প্রেম ও সৌন্দর্যের এক অনন্ত বিস্তৃত স্তর বিরাজিত। যতক্ষণ সেই স্তরে আমরা পৌছিতে পারি, ততক্ষণই অশান্তি; কিন্তু যদি একবার শান্তি মণ্ডল পৌছানো যায়, তবে ঝঞ্ঝার গর্জন ও বায়ুর তর্জন যতই হউক - পাষাণ ভিত্তির উপর প্রতিষ্ঠিত গৃহ তাহাতে কিছুমাত্র কম্পিত হয় না।

(পত্রাবলী, চিঠি #৬৮, ২২/০৫/১৮৯৩, পৃষ্ঠা – ৬২)

(9) আমরাই আমাদের অদৃষ্টের নির্মাতা। আমাদের অদৃষ্ট মন্দ হইলে কাহাকেও দোষী করিতে পারা যায় না, আবার ভাল হইলে প্রশংসাও অপর কেহ পায় না। বাতাস সর্বদাই বহিতেছে। যে-সকল জাহাজের পাল খাটানো থাকে, সেইগুলিতেই বাতাস লাগে- তাহারাই পালভরে অগ্রসর হয়। যাহাদের পাল গুটানো থাকে, তাহাদিগের উপর বাতাস লাগে না। ইহা কি বায়ুর দোষ?

(বাণী ও রচনা (২) - জ্ঞানযোগ - জগৎ (২), পৃষ্ঠা ১৭৩)

(10) অপরের প্রতি আমাদের কর্তব্যের অর্থ-অপরকে সাহায্য করা, জগতের উপকার করা। কেন আমরা

জগতের উপকার করিব? আপাততঃ বোধ হয় যে, আমরা জগৎকে সাহায্য করিতেছি, বাস্তবিক কিন্তু আমরা নিজেদেরই সাহায্য করিতেছি।

(বানী ও রচনা (১), পরোপকারেনিজেরইউপকার, পৃষ্ঠা ৭৬)

৩

9. ধর্ম

(1) পবিত্র এবং নিঃস্বার্থ হইতে চেষ্টা করিও – উহাতেই সমগ্র ধর্ম নিহিত।

(বানী ও রচনা (৬) – পত্রাবলী, #50, পৃষ্ঠা ৩২৪)

(2) সৎ হওয়া এবং সৎ কর্ম করাতেই সমগ্র ধর্ম পর্যবসিত।

(বানী ও রচনা (৬) - পত্রাবলী - #৫১, পৃষ্ঠা ৩২৫)

(3) যা উন্নতির বিঘ্ন করে বা পতনের সহায়তা করে, তাই পাপ বা অধর্ম; আর যা উন্নত ও সমন্বয় – ভাবাপন্ন হবার সাহায্য করে, তাই ধর্ম।

(বানী ও রচনা (৬) - পত্রাবলী – ৭৯, পৃষ্ঠা ৩৮৯)

(4) সত্য নিজের প্রতিষ্ঠা নিজেই করবে।

(পত্রাবলী, চিঠি #১২৫, ২৭/৯/১৮৯৪, পৃষ্ঠা ২০১.)

(5) যে ধর্ম বা যে ঈশ্বর বিধবার অশ্রুমোচন করিতে পারেনা অথবা অনাথ শিশুর মুখে এক মুঠো খাবার দিতে পারে না, আমি সেই ধর্মে বা ঈশ্বরে বিশ্বাস করি না।

(পত্রাবলী, চিঠি #১৩৪, ২৭/১০/১৮৯৪, পৃষ্ঠা ২১০)

(6) মতবাদ যতই উচ্চ হউক, যত সুবিন্যস্ত দার্শনিক তত্ত্বই উহাতে থাকুক, যতক্ষণ মত বা পুস্তকেই আবদ্ধ, ততক্ষণ উহাকে আমি 'ধর্ম' নাম দিই না।

(পত্রাবলী, চিঠি #১৩৪, ২৭/১০/১৮৯৪, পৃষ্ঠা ২১০)

(7) প্রভু আমাদের সকলকে পবিত্র থেকে পবিত্রতর করুন, যাতে আমরা এই পার্থিব দেহটা ছুঁড়ে ফেলে দেবার আগেই পরিপূর্ণ আধ্যাত্মিক জীবন যাপন করতে পারি।

(পত্রাবলী, চিঠি #৭৫, ২/১০/১৮৯৩ পৃষ্ঠা – ৮৮)

(8) সত্য অবিনশ্বর, ধর্ম অবিনশ্বর, পবিত্রতা অবিনশ্বর।

(পত্রাবলী, চিঠি #১৫৫, ১৮৯৪, পৃষ্ঠা ২৬৭)

(9) ধর্ম তোমায় নূতন কিছুই দেয় না, কেবল প্রতিবন্ধকগুলি সরিয়ে দিয়ে তোমার নিজের স্বরূপ দেখতে দেয়।

(বাণী ও রচনা (৪) – দেববাণী, পৃষ্ঠা ২৬২)

(10) নিয়মে চলিতে পারলেই যদি ভালো হয়, পূর্বপুরুষানুক্রমে সমাগত রীতিনীতি অখন্ড অনুসরণ করাই যদি ধর্ম হয়, বল, বৃক্ষের অপেক্ষা ধার্মিক কে? রেলের চেয়ে ভক্ত সাধু কে? প্রস্তরখন্ডকে কে কবে প্রাকৃতিক

নিয়ম ভঙ্গ করিতে দেখিয়েছে? গো-মহিষাদিকে কে কবে পাপ করিতে দেখিয়াছে?

(পত্রাবলী, চিঠি #৫৩৮, ২৩/১২/১৯০০, পৃষ্ঠা ৭৫৬)

৩

10. জাতি ও দেশ

(1) ভারতমাতা অন্ততঃ সহস্র যুবক বলি চান । মনে রেখো - মানুষ চাই পশু নয়।

(পত্রাবলী, চিঠি #৭১,১০/০৭/১৮৯৩ পৃষ্ঠা – ৭২)

(2) কপট, হিংসুক, দাসভাবাপন্ন, কাপুরুষ, যারা কেবল জড়ে বিশ্বাসী, তারা কখনও কিছু করতে পারে না। ঈর্ষাই আমাদের দাসসুলভ জাতীয় চরিত্রের কলঙ্কস্বরূপ। ঈর্ষা থাকলে সর্বশক্তিমান ভগবানও কিছু করে উঠতে পারে না।

(পত্রাবলী, চিঠি #৮৩, ০৩/০৩/১৮৯৪ পৃষ্ঠা – ১১৩)

(3) দাসভাবাপন্ন জাতের নিকট কিছু আশা করা উচিত নয়।

(পত্রাবলী, চিঠি #১৫৮, ১৮৯৪, পৃষ্ঠা ২৬৬)

(4) বিশ্বাস, বিশ্বাস, সহানুভূতি, অগ্নিময় বিশ্বাস, অগ্নিময় সহানুভূতি। জয় প্রভু, জয় প্রভু। তুচ্ছ জীবন, তুচ্ছ মরণ, তুচ্ছ ক্ষুধা, তুচ্ছ শীত। জয় প্রভু। অগ্রসর হও, নেতা। পশ্চাতে চাহিও না। কে পড়িল দেখিতে যাইও না। এগিয়ে যাও, সম্মুখে, সম্মুখে। এইরূপেই আমরা অগ্রগামী হইব

- একজন পড়িবে, আর একজন তাহার স্থান অধিকার করিবে।

(পত্রাবলী, চিঠি #৭২, ২০/০৮/১৮৯৩ পৃষ্ঠা – ৮০)

(5) সব প্রাণীই ব্রহ্মস্বরূপ। প্রত্যেক আত্মাই যেন মেঘে ঢাকা সূর্যের মতো; একজনের সঙ্গে আর একজনের তফাত কেবল এই – কোথাও সূর্যের উপর মেঘের আবরণ ঘন, কোথাও এই আবরণ একটু পাতলা।

(পত্রাবলী, চিঠি #৮৩, ০৩/০৩/১৮৯৪ পৃষ্ঠা – ১১০)

(6) প্রত্যেক জাতি, প্রত্যেক নর-নারী নিজের উদ্ধার নিজেই সাধন করিয়া থাকে। তাহাদের এইটুকু সাহায্য করিতে হইবে - তাহাদিগকে কতগুলি উচ্চ ভাব দিতে হইবে। অবশিষ্ট যাহা-কিছু, তাহা উহার ফলস্বরূপ আপনিই আসিবে। আমাদের কর্তব্যকেবল রাসায়নিক উপাদানগুলিকে একত্র করা - অতঃপর প্রাকৃতিক নিয়মেই উহা দানা বাঁধিবে। সুতরাং আমাদের কর্তব্য - কেবল তাদের মাথায় কতকগুলি ভাব প্রবিষ্ট করাইয়া দেওয়া, বাকি যাহা কিছু তাহারা নিজেরাই করিয়া লইবে।

(পত্রাবলী, চিঠি #১০২, ২৩/৬/১৮৯৪, পৃষ্ঠা ১৪৯)

(7) পাশ্চাত্য জাতিদের কার্যসিদ্ধির রহস্য হচ্ছে – এই সহযোগিতা। এদের শক্তি অদ্ভুত , আর এর ভিত্তি হচ্ছে পরস্পরের প্রতি বিশ্বাস আর পরস্পরের কার্যের গুণগ্রহিতা।

(পত্রাবলী, চিঠি #১৫৮, ১৮৯৪, পৃষ্ঠা ২৬৬)

(৪) একটা বলশালী জাতি গড়ে তুলতে হলে তার পেছনে তরতাজা ও বলিষ্ঠ চিন্তা দরকার।

(পত্রাবলী, চিঠি #৩৩২, পৃষ্ঠা ৫২০)

(৯) মনে করিও না। অপরের সাহায্য ব্যতীতও তোমরা সব করিতে পারো। সব শক্তি তোমাদের ভিতর রহিয়াছে; উঠিয়া দাঁড়াও এবং তোমাদের ভিতর যে দেবত্ব লুক্কায়িত রহিয়াছে, তাহা প্রকাশ কর।

(বাণী ও রচনা (৫) - ভারতে বিবেকানন্দ - ভারতের ভবিষ্যৎ, পৃষ্ঠা ১৮০)

(10) এই সেই ভারত, যে দেশের মৃত্তিকা শ্রেষ্ঠ ঋষিমুনিগণের পদধূলিতে পবিত্র হইয়াছে। এইখানেই সর্বপ্রথম অন্তর্জগতের রহস্য-উদঘাটনের চেষ্টা হইয়াছিল, এইখানেই মানববমন নিজ স্বরূপ অনুসন্ধানে প্রথম অগ্রসর হইয়াছিল। এইখানেই জীবাত্মার অমরত্ব, অন্তর্যামী ঈশ্বর এবং জগৎপ্রপঞ্চে ও মানবে ওতপ্রোতভাবে অবস্থিত পরমাত্মা—সম্বন্ধীয় মতবাদের প্রথম উদ্ভব। ধর্ম ও দর্শনের সর্বোচ্চ আদর্শসকল এইখানেই চরম পরিণতি লাভ করিয়াছিল। এই সেই ভূমি, যেখানে হইতে ধর্ম ও দার্শনিক তত্ত্বসমূহ বন্যার মতো প্রবাহিত হইয়া সমগ্র পৃথিবীকে প্লাবিত করিয়াছে, আর এখান হইতেই আবার সেইরূপ তরঙ্গ উত্থিত হইয়া নিস্তেজ জাতিসমূহের ভিতর জীবন ও তেজ সঞ্চার করিবে। ... আর আমরা এই দেশের সন্তান।

(বাণী ও রচনা (৫) - ভারতে বিবেকানন্দ - ভারতের ভবিষ্যৎ, পৃষ্ঠা ১৮০)

12

কর্মের জন্যই কর্ম কর

সকল দেশেই এমন কিছু মানুষ আছেন, যাঁহাদের প্রভাব সত্যই জগতের পক্ষে কল্যাণকর ; তাঁহারা কর্মের জন্যই কর্ম করেন, নাম-যশ গ্রাহ্য করেন না, স্বর্গে যাইতেও চাহেন না। লোকের প্রকৃত উপকার হইবে বলিয়াই তাঁহারা কর্ম করেন।

আবার অনেকে আছেন, যাঁহারা আরও উচ্চতর উদ্দেশ্য লইয়া দরিদ্রের উপকার ও মনুষ্য-জাতিকে সাহায্য করেন; কারণ তাঁহারা সৎকার্যে বিশ্বাসী, তাঁহারা সদ্ভাব ভালবাসেন।

নাম-যশের উদ্দেশ্যে কৃত কর্মের ফল কখনও সঙ্গে সঙ্গে পাওয়া যায় না; সচরাচর দেখা যায়, যখন আমরা বৃদ্ধ হই এবং আমাদের জীবন প্রায় শেষ হইয়া আসিয়াছে, তখন আমাদের নাম-যশ হয়। কিন্তু যদি কেহ কোন স্বার্থপূর্ণ উদ্দেশ্য ছাড়া কাজ করে, সে কি কিছুই লাভ করে না? হাঁ, সে সর্বাপেক্ষা বেশী লাভ করে।

নিঃস্বার্থ কর্মেই অধিক লাভ, তবে ইহা অভ্যাস করিবার সহিষ্ণুতা মানুষের নাই। সাংসারিক হিসাবেও ইহা বেশী লাভজনক। প্রেম, সত্য, নিঃস্বার্থপরতা-এগুলি শুধু নীতি-সম্বন্ধীয় আলঙ্কারিক বর্ণনা নয়, এগুলি আমাদের সর্বোচ্চ আদর্শ; কারণ এগুলির মধ্যেই মহতী শক্তি নিহিত রহিয়াছে।

প্রথমতঃ যে-ব্যক্তি পাঁচ দিন অথবা পাঁচ মিনিট কোন স্বার্থাভিসন্ধি ব্যতীত ভবিষ্যতের কোন চিন্তা-স্বর্গলাভের আকাঙ্ক্ষা, শাস্তির ভয় অথবা ঐরূপ কোন বিষয় চিন্তা না করিয়া কাজ করিতে পারেন, তাঁহার মধ্যে শক্তিমান্ মহাপুরুষ হইবার সামর্থ্য আছে।

এই ভাব কার্যে পরিণত করা কঠিন, কিন্তু আমাদের অন্তরের অন্তস্তলে আমরা উহার মূল্য জানি, জানি উহা কত শুভফলপ্রসু। এই কঠোর সংযমই শক্তির মহোচ্চ বিকাশ। সমুদয় বহিমুখ কার্য অপেক্ষা আত্মসংযমেই অধিকতর শক্তির প্রকাশ।

চতুরশ্ববাহিত একটি শকট কোন বাধা না পাইয়া পাহাড়ের ঢালু পথে গড়াইয়া যাইতেছে, অথবা শকটচালক অশ্বগণকে সংযত করিতেছে-ইহাদের মধ্যে কোনটি অধিকতর শক্তির বিকাশ? অশ্বগণকে ছাড়িয়া দেওয়া বা উহাদিগকে সংযত করা?

একটি কামানের গোলা বায়ুর মধ্য দিয়া উড়িয়া অনেক দূরে গিয়া পড়ে, অন্য একটি গোলা দেওয়ালে লাগিয়া বেশী দূরে যাইতে পারে না, কিন্তু এই সংঘর্ষে প্রবল তাপ উৎপন্ন হয়।

এইরূপে মনের সমুদয় বহিমুখ শক্তি স্বার্থের উদ্দেশ্যে ধাবিত হইয়া বিক্ষিপ্ত হয়, ঐগুলি আর তোমার নিকট ফিরিয়া আসিয়া তোমার শক্তি-বিকাশে সাহায্য করে না, কিন্তু ঐগুলিকে সংযত করিলে তোমার শক্তি বর্ধিত হইবে।

(বাণী ও রচনা (১), কর্মযোগ - কর্ম-চরিত্রের উপর ইহার প্রভাব, পৃষ্ঠা ৩৮-৩৯)

ওঠো, জাগো, লক্ষ্যে না পৌঁছানো পর্যন্ত থেমো না।

"Onward এই কথাটি খালি বলছি, যে যে এই চিঠি পড়বে, তাদের
ভেতর আমার spirit (শক্তি) আসবে, বিশ্বাস করো"
(পত্রাবলী। চিঠি #১০৬, ১৮৯৪)